シリーズ「遺跡を学ぶ」
069

奈良時代からつづく信濃の村

吉田川西遺跡

原 明芳

新泉社

奈良時代からつづく信濃の村
—吉田川西遺跡—

原　明芳

【目次】

装幀　新谷雅宣
本文図版　中原利絵

第1章　一二〇〇年つづいた村

奈良時代に始まる村

長野県の中央部、西から北へと峻険な北アルプスがそびえ立ち、東には筑摩《ちくま》山地が連なる広大な松本平《まつもとだいら》（図1）。その東南部を中央アルプスに源を発する奈良井川《ならいがわ》と筑摩山地に源を発する田川《たがわ》が北流し、やがて千曲川《ちくまがわ》、信濃川《しなのがわ》となって日本海へと向かう。この奈良井川、田川の二つの川にはさまれた南北に細長い台地上に一二〇〇年間、人びとが途切れることなく暮らしていた跡がみつかった。吉田川西《よしだかわにし》遺跡である（図2）。

普通、遺跡の調査では生活の跡がみつからない時代が途中にあって、継続して人びとが住んでいることを確認できないことが多い。ところが、この吉田川西遺跡では奈良時代から今に至るまでの村の痕跡を、発掘調査によってたどることができたのである。

遺跡は松本市と境を接する塩尻《しおじり》市吉田地区にあり、東を流れる田川から二〇〇メートルほど離れた河岸段丘から西へ三〇〇メートルほどの範囲に広がっていた。遺跡に立つと、北西側に

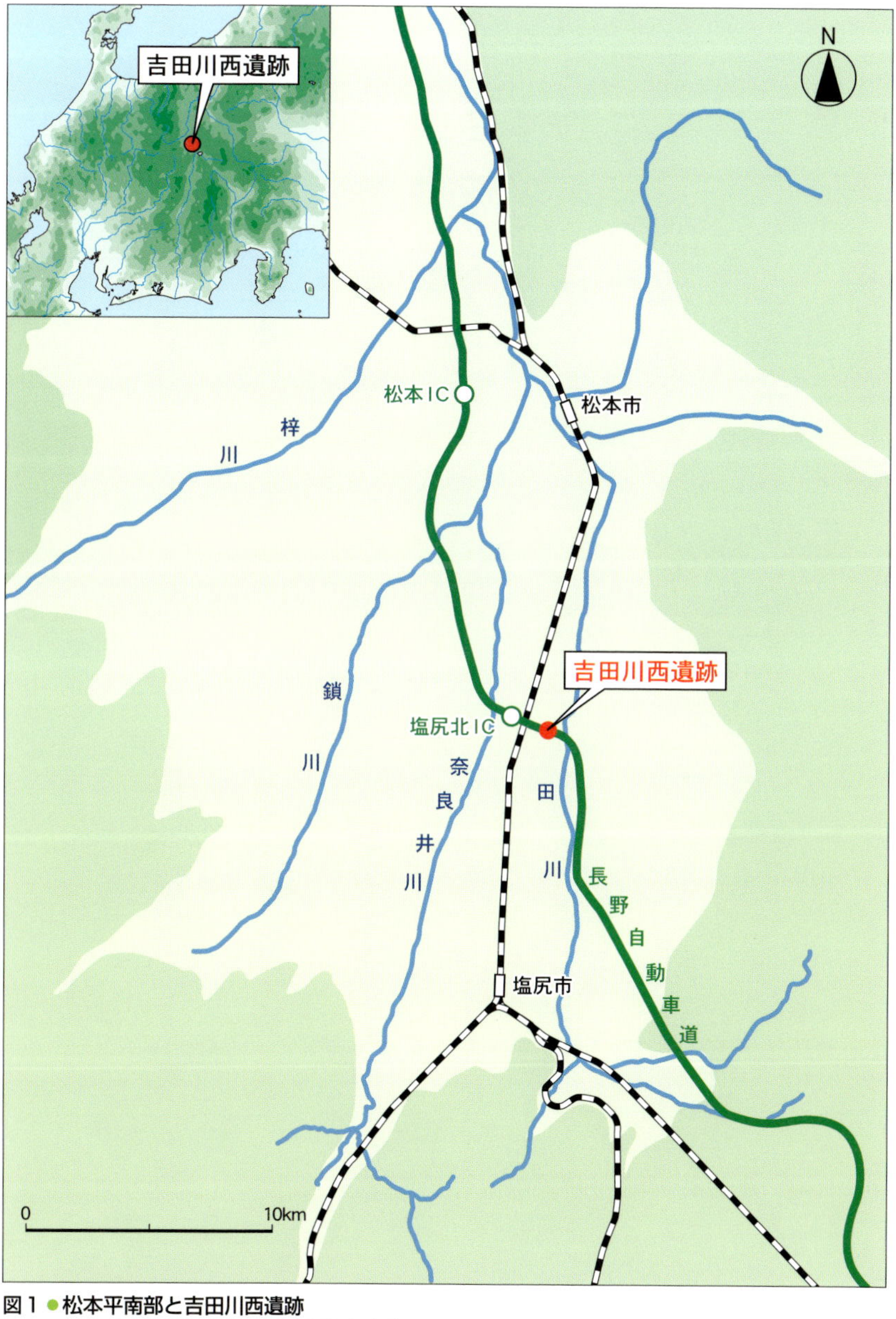

図 1 ● 松本平南部と吉田川西遺跡
松本の市街地に向かって流れ込む幾筋もの河川がある。
その一つの田川左岸に吉田川西遺跡がある。

雪を頂いた北アルプスの常念岳《じょうねんだけ》がきわだって美しい山容をみせ、東は北アルプスとは対照的にゆるやかな鉢伏山《はちぶせやま》を望む。このあたりは水田と畑地が広がり、一部が集落というのどかな風景をみせていた。しかし、一九七〇年代に入り、精密工業の工場が建設されるのにともなって松本市のベッドタウンとして人口が急増し、さらに長野県の中南部と長野市を結ぶ交通の大動脈、長野自動車道が開通したことによって、大型店舗の進出も著しく、その風景は一変している。ただ、ところどころに残る狭い路地に入ると古い家が建っていて、この地の歴史を感じさせる。

調査開始

遺跡の発掘調査は、この長野自動車道建設に先立って一九八二〜八五年に実施

図2 ● **発掘直前の吉田川西遺跡**（東上空より。1984年撮影）
手前が田川、草が茂っている所が発掘予定地。両側の水田は高速道建設に先行する農業基盤整備事業によって形が大きく変わっている。

された。

　秋も終わり近くになり田畑の収穫がすんだ後に、はじめて遺跡に立ち、背の高さ以上に草が生い茂った調査の場所をみたときには、遺跡がその下に眠っているようにはとても思えなかった。

　調査区全体に幅二メートルの試掘溝を五〇メートルの間隔で何本も入れ掘り進めてゆくと、中・近世の遺構と、奈良・平安時代の住居跡が重なり合うように存在していた。その場所は、長期間にわたって継続した大きな集落跡であることがわかったのである。

　本格的な調査は、一九八四年九月から調査員六名、作業員三〇名で始まった。最初の調査は自動車道の側道部分のみで、面積もわずかに一五〇〇平方メートルをこえる程度だったが、それにもかかわらず二〇軒をこえる竪穴住居跡が発見されたのである。

　翌春、調査が再開されると、古代の遺構の重複のはげしさに発掘は困難を極めた。さらに近世の屋敷跡も発見された。工事の進捗との兼ね合いもあって、調査員と作

図3 ●多くの作業員が働く発掘現場（1985年秋）
広大な現場で遺構の検出作業を実施中。作業員さんたちは私たちの仕事のよき理解者である。

業員の増員を重ね、調査員一五名、作業員一〇〇名を超える大所帯となって（図3）、約二万平方メートルの調査は年もおしせまった一二月二〇日にようやく終了した。

調査が終了する直前の一二月一五日には現地説明会を実施し、吹雪にもかかわらず、二五〇名の方々に足を運んでいただいたことが忘れられない（図4）。

吉田川西遺跡と周辺の遺跡

吉田川西遺跡（図5）は、一二〇〇年前から現在までの生活の跡を途切れなく調査できたことが大きな特徴である。

今まで、平安時代末期から鎌倉時代への移行期の遺跡は、なかなか発見できなかった。また、松本城下のような城下町跡の発見は多いが、不思議なことに信濃には江戸時代の村に関する多くの文書記録が残っているにもかかわらず、その文書記録に残る村の跡が発掘されることはなかった。しかし、吉田川西遺跡では、

図4 ● 発掘調査の公開
塩尻市立吉田小学校６年生の見学。多くの人びとに発掘調査をみてもらえるのは、本当にうれしい。小学生に説明していると、「トイレはどこにあったの？」などという質問が飛び出して、楽しかった。

「古代」とよぶ八世紀から一二世紀の竪穴住居跡が二四〇軒以上、中・近世の建物が二〇軒以上、そしてその後の新しい生活の跡も多数みつかり、古代から現代までの村を遺跡からたどることができる。

吉田川西遺跡のある田川沿いには、縄文時代中期初頭や弥生時代中期、古墳時代前期などの小規模な遺跡が発見されている。これらは、短期間の生活の場として利用されてはいるものの、定住した様子はない。七世紀になるまで、田川沿いの一帯には古墳や集落はなく、人びとがいた痕跡はほとんどない。しかし奈良時代以降になると、田川に沿って遺跡が数多く出現する。これらの遺跡は、吉田川西遺跡の移り変わりと大きくかかわっていたようである。数多くの遺跡のなかで吉田川西遺跡が、なぜかくも長い間、人びとの生活の場になったのか、周辺の遺跡も含めて時代を追いながら、考えてみよう。

図５ ● 吉田川西遺跡の発掘調査範囲
周囲は水田や畑になっているが、今から1000年ほど前には
建物が建ち並び、多くの人びとが住んでいた。

第２章　律令制とともに成立した村

1　村の始まり

奈良時代の松本平

奈良時代前半は唐にならって律令制度を整備し、天皇を中心とした中央集権国家をつくろうとする時代である。平城京《へいじょうきょう》の整備が進み、各国には国府がおかれ、中央から派遣された国司が中央の威光を伝えようとした。

信濃国は佐久《さく》・伊那《いな》・高井《たかい》・埴科《はにしな》・小県《ちいさがた》・水内《みのち》・筑摩《つかま》・更級《さらしな》・諏訪《すわ》・安曇《あずみ》の一〇郡で構成され、平安時代には筑摩郡に国府がおかれた。松本市内に「惣社」という地名が残っているので、そのあたり一帯が国府の有力な候補地になっているが、残念ながらまだみつかっていない。松本平はこの筑摩郡に属している。なお、筑摩郡衙《ぐんが》も発見されていない。筑摩郡は、その下に良《よし》田《だ》・山家《やまが》・錦服《にしごり》・辛犬《からいぬ》・大井《おおい》・崇賀《そが》郷という六つの郷がある（図６）。吉田川西遺跡のある吉

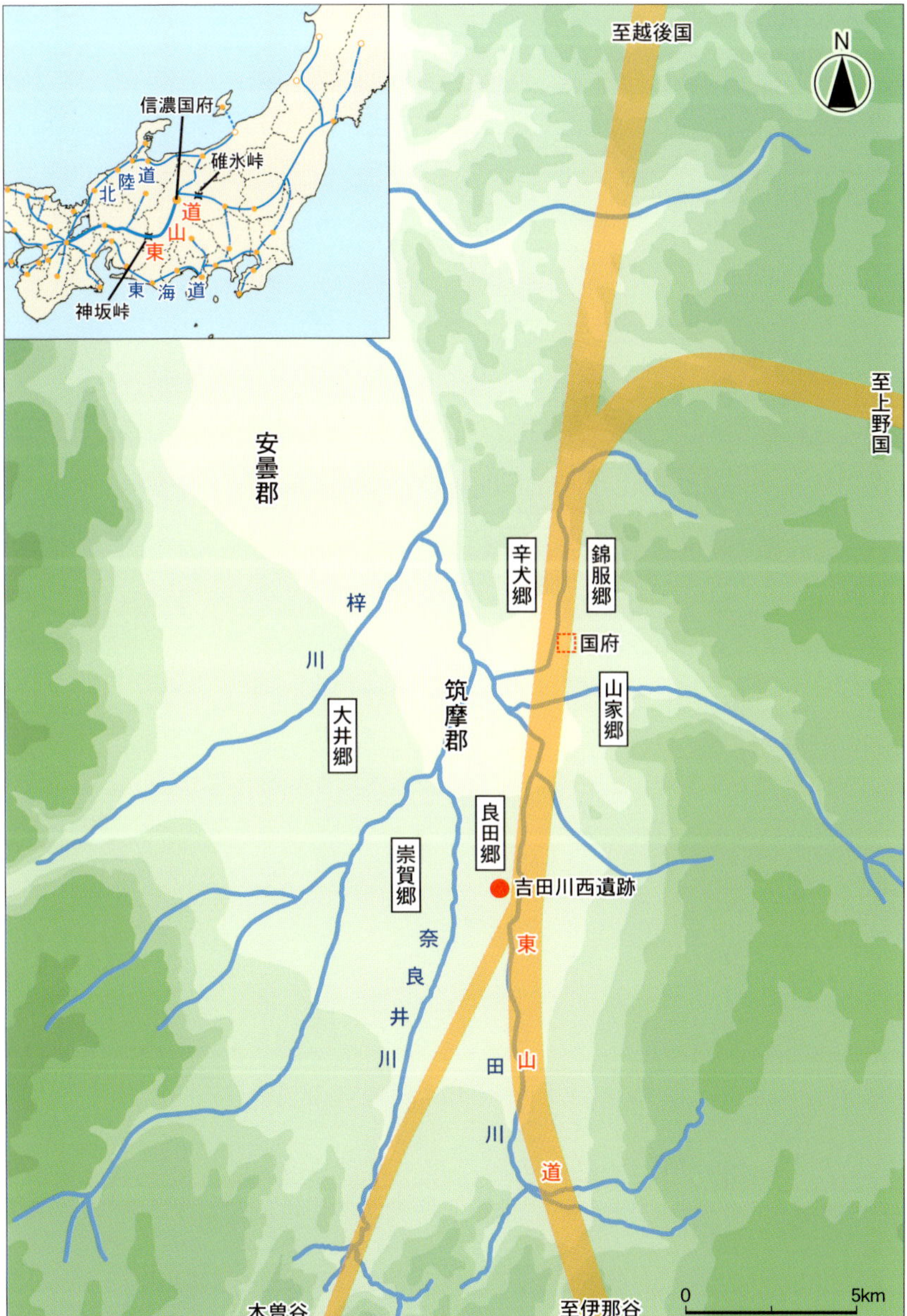

図6 ● **筑摩郡内の郷と東山道の推定**
国府も郡衙もその位置がわかっていない。東山道も同様であり、
それに付随する「覚志駅」「錦織駅」もその場所はわからない。

田地区は、「吉田＝良田」から良田郷に属したと考えられている。

東山道の整備

律令政府は、国家経営を強化するために道路の整備にも力を注いだ。平安時代前半、都から東北の経営拠点の多賀城へ向かう官道東山道《とうさんどう》は、神坂峠《みさかとうげ》を越えて信濃国に入り、天龍川《てんりゅうがわ》沿いに伊那谷を北上し、善知鳥《うとう》峠を越えて松本平に入る。その後は田川沿いに北上し、覚志駅《かがしのうまや》を通り信濃国府に入り、さらに錦織《にしごり》駅を通過し、大きく東にルートを変えて小県郡に向かい上野国へ入る。途中、錦織駅で支路が分岐し、筑北地方を越え善光寺平《ぜんこうじだいら》を通り、越後《えちご》国府へ向かう。整備されていたであろうこれらの道路や駅の跡も、まだみつかっていない。

奈良時代の東山道のルートは、平安時代の東山道とほぼ同じであったと思われる。奈良時代には、国家によって木曽路《きそじ》ルートも開かれるが、その利用は長続きしなかった。東山道が善知鳥峠を越えて松本平に入り国府へ向かうとすると、吉田川西遺跡がある田川流域は、東山道沿いとなる。

吉田川西遺跡からは地元で焼かれた須恵器《すえき》に混じって、美濃《みの》国（現在の岐阜県）の美濃須衛《すえ》窯《よう》で生産された須恵器が多数みつかっており、松本市高畑《たかはた》遺跡からは「美濃国」の刻印が押された須恵器が出土している。東山道を通じてさかんに物資の流通がおこなわれていたことを物語っている。

始まりは一軒の大きな家

奈良時代以前、吉田川西遺跡にまず一軒の小さな竪穴建物がつくられる。そこからは不思議な土器が発見された。ロクロを用いず木の葉の痕を底裏に残す杯《つき》だ（図7）。このような土器は、長野県内では出土しない。他の地域からこの地やってきて、開拓しようとした人がいたのかもしれない。しかし、この建物につづく遺構はない。開拓は長続きしなかったようである。

奈良時代の初め、八世紀前半に再び人が住みはじめるが、最初から規模の大きな村があったわけではない。調査区域のやや東寄りに、一辺一〇メートルの正方形で、入口にスロープがつき、壁に沿って石が並べられる特別なつくりの、松本平でも最大級の一軒の大きな竪穴建物がつくられる（図8・9）。有力者がこの地に大きな建物をつくり、拠点とし、多くの人びとを集めて開拓を始めたようにみえる。現在まで一二〇〇年つづいた村のスタートである。

その後、二〇～三〇年ほどたつと、大きな建物のまわりに竪穴建物がたくさん集まった景観ができあがる。大きな建物から出土した遺物のなかに朱墨のパレットがあった（図40参照）。朱墨のパレットは税金を収納する際に、台帳と合わせるためのチェックに使われたものなので、この場所は公的な施設の可能性がある。開拓を始めた有力者は、労働力を集め

図７ ● 木の葉痕を残す土器
杯をつくる際に使用した木の葉の跡が底に残っている。松本平の土器の場合は、きれいに消すのが普通である。

るだけの財力と権力、それに政治力をもった者、あるいはそのような人とつながっていた人物であろう。

当時の農民には班田収受法《はんでんしゅうじゅのほう》により、性別や年齢に応じて口《く》分田《ぶんでん》が与えられた。しかし奈良時代前半には口分田が不足したため、墾田《こんでん》の私有を三世代まで認める「三世一身法《さんぜいっしんのほう》」（七二三年）や、永久に私有を認める「墾田永年私財法《こんでんえいねんしざいのほう》」（七四三年）など、開発を推し進める政策がつぎつぎに出された。田川流域の村の成立の背景には、律令政府の開発促進政策があったのではないだろうか。とくに田川流域は平安時代後半には、あたり一帯が公領となっていることから、国府などの後押しがあった可能性もある。

また、全国的にみて官道の整備は八世紀前半に進む。東山道沿いの吉田川西遺跡や周辺の田川流域の遺跡は、この東山道の整備に大きくかかわっていたことも考えられる。

田川流域で始まった開拓

八世紀前半、開拓が奈良時代に始まるのは吉田川西遺跡に限った状況ではない。田川に沿った約一〇キロほどの範囲の

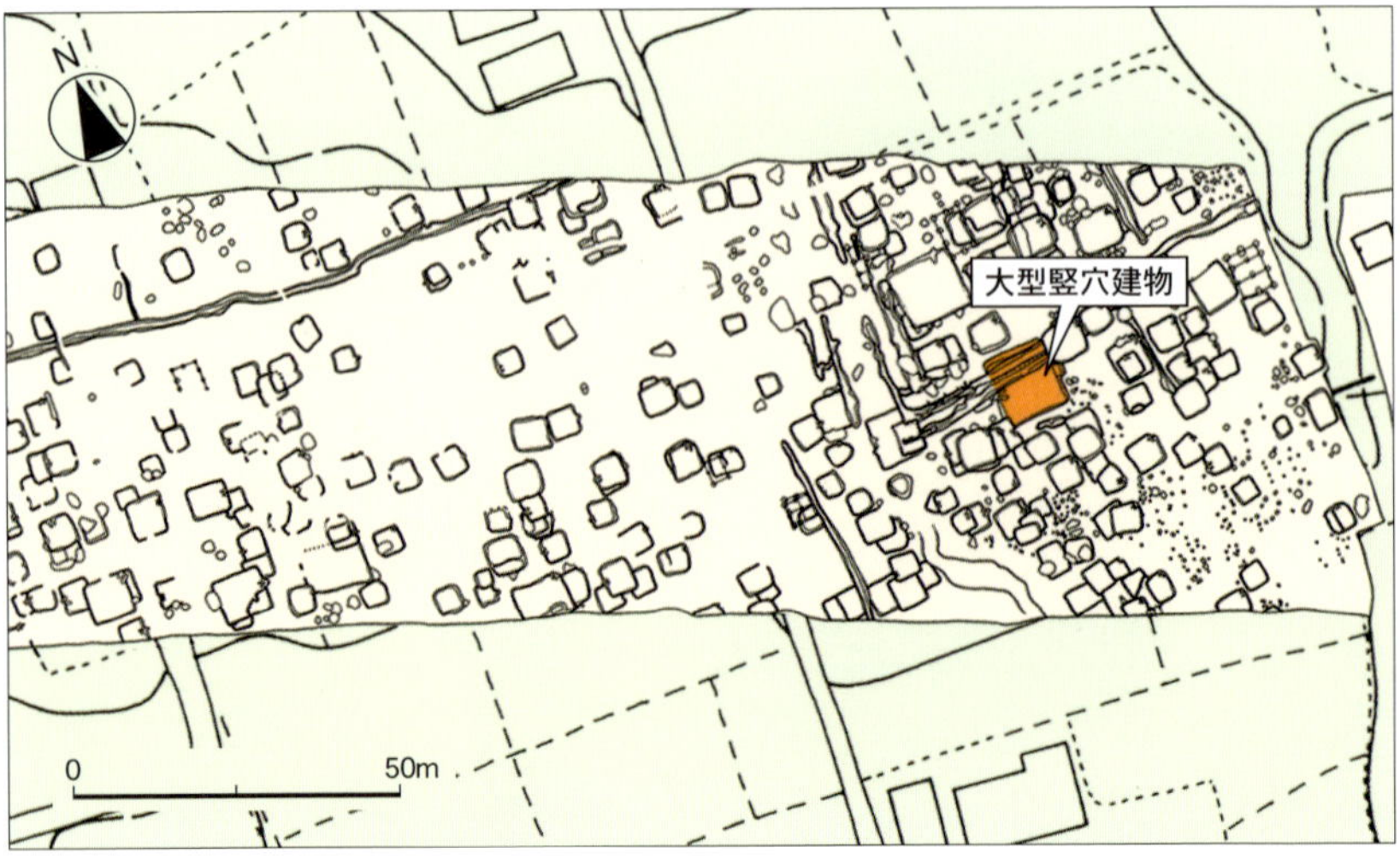

図8 ●8世紀前半の遺構
村は、1棟の大型竪穴建物から始まるが、建物がいかに大きいかがよくわかる。

やや小高い場所には、田川をはさんで約一キロの間隔をおいて、吉田川西遺跡の村や吉田向井《よしだむかい》遺跡の村がつくられるなど、いっせいに多くの村が生まれる（図10・11）。それぞれの村は田川沿いの低地や、段丘の湧水場所を水田として開発したのだろうか。各村単位であまり広くない水田を拓いたのだろう。いずれにしてもほぼ同一時期に広域の開拓が進むのは、大きな力の後押しがなければできない。

　奈良井川をはさんだ西岸域の村は、松本平南栗《みなみくり》遺跡にみられるように、七世紀から少しずつ開拓が始まり、八世紀前半には全長二キロにわたって建物が建ち並び集落が形成される。そこにに住んだ人びとは、小規模な水田をすぐそばにもつのではなく、離れた場所に大きな居住域に見合った広大な水田をもっていた可能性がある。

開拓にたずさわった人びと

　田川流域の開拓は、律令政府の開発促進策、東山道の開通などによって始まった可能性が高いが、具体的にはどのような人びとによって始められたのだろうか。

図9 ● 松本平最大級の竪穴建物
一辺10mの正方形、大きな柱穴をもち、壁際に石が並べられる。
開拓に入った有力者の居宅にふさわしい。

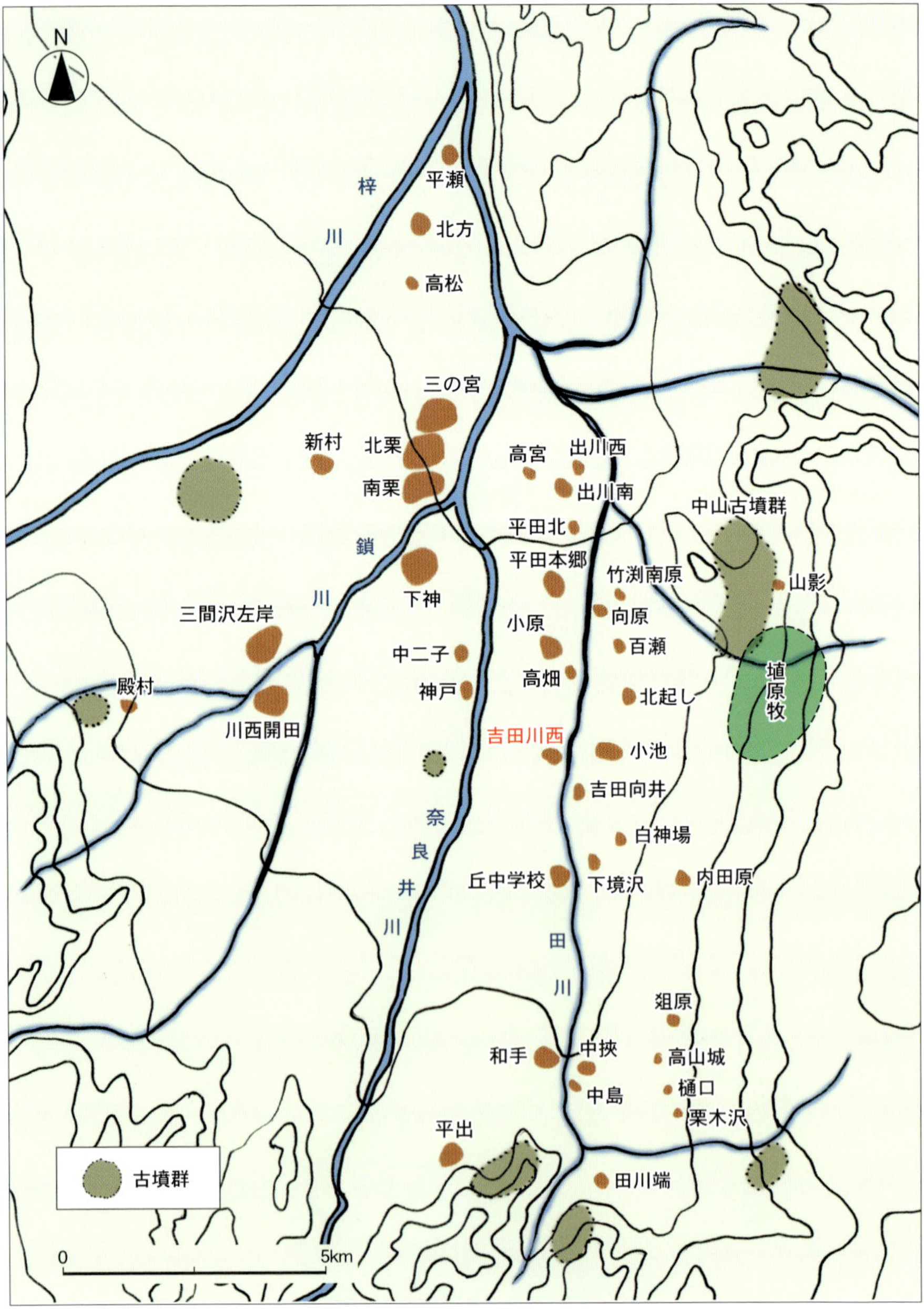

図 10 ● 田川流域と奈良井川流域の奈良・平安時代の村
発掘調査でわかった遺跡の一部を掲載。いかに古代の遺跡が多く調査されているかがわかる。

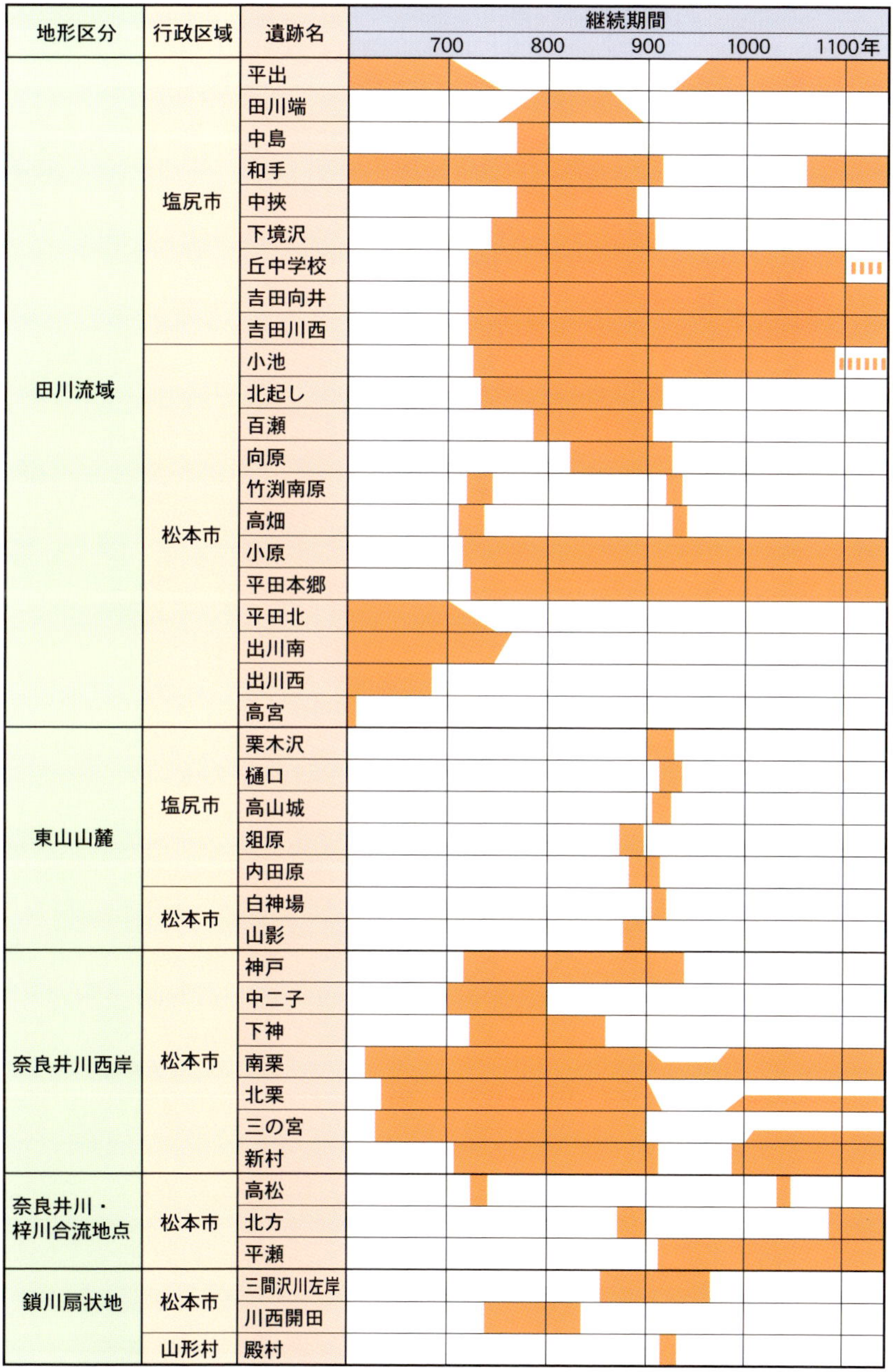

図 11 ●**田川流域と奈良井川流域の村の消長**
村の継続期間をグラフに示すと、多くの集落ができたり、消えたりしている。
村々の流動性が高いことがわかる。

奈良井川西岸地区は七世紀代に古墳がつくられ、奈良時代前半まで埋葬がつづけられる。田川流域の北側、現在の南松本駅周辺は古くから村が形成され、その東側の中山地区には一〇〇基を超える古墳群（中山《なかやま》古墳群）が形成される。

ところが、吉田川西遺跡のある田川流域には七世紀代には、村もなければ、古墳もつくられない。奈良井川西岸域や田川流域の北側から有力者がやってきたとも考えられる。しかし、いっせいの開発は多くの人びとを集めなければならないが、それをうかがわせるような変動は周辺の村ではおこっていない。

『続日本紀』延暦《えんりゃく》八年（七八九）五月条に、全国の渡来人が姓をもらう記事があり、「信濃国筑摩郡人少初位下後部牛養、無位宗守等、賜姓田河造」とある。筑摩郡に住む官位をもつ渡来人、後部牛養《こうほうしかい》や宗守《むねもり》が田河造《たがわのみやつこ》の姓《かばね》を賜ったという内容である。「田河」が田川だとすれば、吉田川西遺跡をはじめその一帯の開拓は、渡来人が主体となって始まった可能性が考えられる。官位をもっている点からすると、かれらは国家の政策によって、畿内あるいは他地方からやってきて定着したといえそうである。

2　軌道にのった開拓

大きくなった村

一軒の竪穴建物から始まった吉田川西遺跡の村は、一〇〇年ほどの間に多くの人びとが集まって、いっそう大きくなっていった。多くの建物が建てられ、その分布は東西二つのまとまりにわかかれているようにみえる（図12）。

それぞれのまとまりは、広場を中心に一〇～二〇棟のカマドのついた竪穴建物（図13）が円形に配置され、周辺に一、二棟の掘立柱建物の倉庫がともなっている。なかでも東群の倉庫は三間×二間の総柱の建物で、松本平の集落のなかでは大きな規模をもつ。これらの倉庫は、それぞれのまとまりの共同の倉庫かもしれない。

かつて開拓をはじめた有力者は、役割を終了したのだろう。飛び抜けて大きな竪穴建物はみられない。村の運営は、村の人びとによっておこなわれたのだろうか。発掘でみつかった均一な規模の建物のまとまりからは、みんなで協力して田を耕したり、中央の広場で作業をおこなったりと、共同で助け合って生活をしていく比較的平等な姿さえ浮かびあがってくる。

そのイメージは『養老儀制令《ようろうぎせいれい》』「春時祭田条《しゅんじさいでんのじょう》」に付された注釈にある、祭りの日には村の男女のすべてが集ま

図 12 ● 9 世紀前半の遺構
前の時代（図 8）とくらべると、多くの建物があることがわかる。
ほとんどが竪穴建物であるが、わずかに掘立柱建物がある。

り、家格男女の差もなく年齢順に席を決め、神にささげられた飲食物を若者が給仕をしながら宴会がおこなわれるという祭祀と村の姿を彷彿させる。

律令制の末端の単位としての村

村の発展は吉田川西遺跡にみられるだけではなく、田川流域で共通している。七八九年に、後部牛養が田河造の姓を朝廷からもらうのも、開拓が軌道にのった結果かもしれない。

吉田川西遺跡は、奈良・平安時代に良田郷に属していた。郷は戸籍上で五〇戸からなり、一戸は二〇人前後で構成されている。竪穴建物に住む人びとは律令政府によって把握され、村内部にみえる二から三つのまとまりが戸にあたるのだろう。また、遺構を検出している際に、円面硯《えんめんけん》と風字硯《ふうじけん》（図14）が一点ずつ出土している。硯《すずり》は律令制度の基本である文書行政の重要な道具である。吉田川西遺跡ばかりではなく、他の村からも数は少な

図 13 ● 一般的な竪穴建物跡
一辺 4 m 前後の正方形。カマドが壁際につけられるが、柱穴ははっきりしない。信濃国のほかの地域では、竪穴建物から掘立柱建物に変わってゆくが、吉田川西遺跡では竪穴建物が 12 世紀はじめまでつくられる。寒かったためであろうか。

いが硯が出土している。この時期の村が、律令制度の末端の単位であった可能性が高いことを示している。

役人の存在

調査中に「原先生、バックルが出た！」と、私を呼ぶ声がした。行ってみると、緑青《ろくしょう》がふいた銅製の鉸具《こうぐ》（図15左）がみえた。この鉸具は、のちに黒漆が塗られていることもわかった。規定によれば、黒漆の鉸具は、六位以下の官人が身につけていたものである。その後、鉈尾《だび》（図15右）も出土した。律令制度で、このような金具に丸鞆《まるとも》・巡方《じゅんぼう》などの金属や石製の飾りを付けたベルト（腰帯）は、官人の身分を示すものであった。

帯金具の出土はムラの中心人物が、律令官人の末端を担っていたことも考えられる。松本平の同じ時期の村からも、帯飾りは比較的多くみつかっている。村の指導者たちは官人とはいわないまでも、律令体制の末端に連なっていたのだろう。

図14 ● **風字硯**
全体が「風」の形をしている。何回も使われ、内面はすり減っている。

図15 ● **帯金具**
ベルトの先端（鉸具）と後端（鉈尾）である。緑青がふいてしまっているが、黒漆で仕上げていたことがわかった。どんな思いで腰に巻いていたのだろう。

文字を書く人びと

さて、吉田川西遺跡の村はなんとよばれていたのだろうか。直接それがわかるような資料はみつかっていない。ただ一つ気になるのは、ヘラ状の工具で「田中」とはっきり刻まれた須恵器の食器がある（図16）。それも一点ではなく、同じ工人によって刻まれたものが六点も出土している。ほかの遺跡では出土していないので、吉田川西遺跡の村は「田中」とよばれていたのかもしれない。

この頃になると、どの村でも食器に墨で字が書かれるようになる。そのなかには「千麻呂」などのように個人名と思われるものから、字と判別するのがむずしいものまである。どのような意味をもつのかはっきりしないものも多い。

また「九」（七点）や「南」（四点）のような字が一点だけではなく、何点か同じ字が書かれる場合もある（図27参照）。平安時代の初め頃までの墨書は、筆跡をみても慣れている感じがみられる。少数の識字層によって書かれたものかもしれない。

図16 ●「田中」の刻書
焼成する前に達筆で「田中」と彫られる。6点出土しているが、すべて同じ人によって彫られた可能性がある。

仏教の存在

墨書のなかには「西寺」「文□寺」などの寺院名もある（図17）。しかし遺跡のなかに、堂などの寺院の遺構はみつかっていない。一点小破片だが、瓦塔がみつかっている。これを小さな建物などにおさめて信仰の対象としたのだろう。

このほか、「安」「廣」「大」「南」「浄」「吉」「朋」などの文字もある。仏教信仰に関連した、あるいはその影響を受けた可能性がある。奈良時代には、地方にも国分寺のほかに瓦を葺いた寺院がつくられる。当時、これら律令国家の宗教部門を司る機関としての寺院のほかに、村々にはこのような小堂があったのかもしれない。

興味深いのは「財富加」の墨書である（図18）。意味は「財産と富が加えられるように」という字のとおりと考えられる。このほかにも、「財□」「財阝子」などように財産がふえることを望むような墨書がみられる。「□田加」なども同じ意味をもつと思われる。

墨書はこのように呪術的な意味をもっていたようである。『日本霊異記』にみられるように、人びとは現世利益を望み、土着した仏教を信仰していたことを垣間見ることができる。

図18 ●「財富加」の墨書
「財と富が加わりますように」という意味なのか。当時の人びとの気持ちが伝わってくるようである。

図17 ●「西寺」の墨書
調査の時点では、西寺があるので「東寺」もあるのではと考えたが、寺や堂に関係した遺構はまったくみつかっていない。

第3章　変動する村

1　有力者の出現

大きな家と小さな家

九世紀中頃、吉田川西遺跡ではそれまで村を構成していた建物群が、西側へ一〇〇メートル移動する（図19）。村の景観は、二棟の建物を中心にその周囲に小さな竪穴建物が展開するように変化する。建物をみるかぎり平等であった集落内部の秩序が、崩れてきたことを示している。

中心の二棟の大きな竪穴建物の一棟は、一辺一〇メートルを超える不整形な長方形で、カマドがついていない。煮炊きはしていないのに、多量の食器が廃棄されていた。ここは普通の住居ではないようだ。並んで建つ大きな竪穴建物はカマドをもち、煮炊きに使う甕なども多く出土している。この建物は、住居として使われていたのかもしれない。

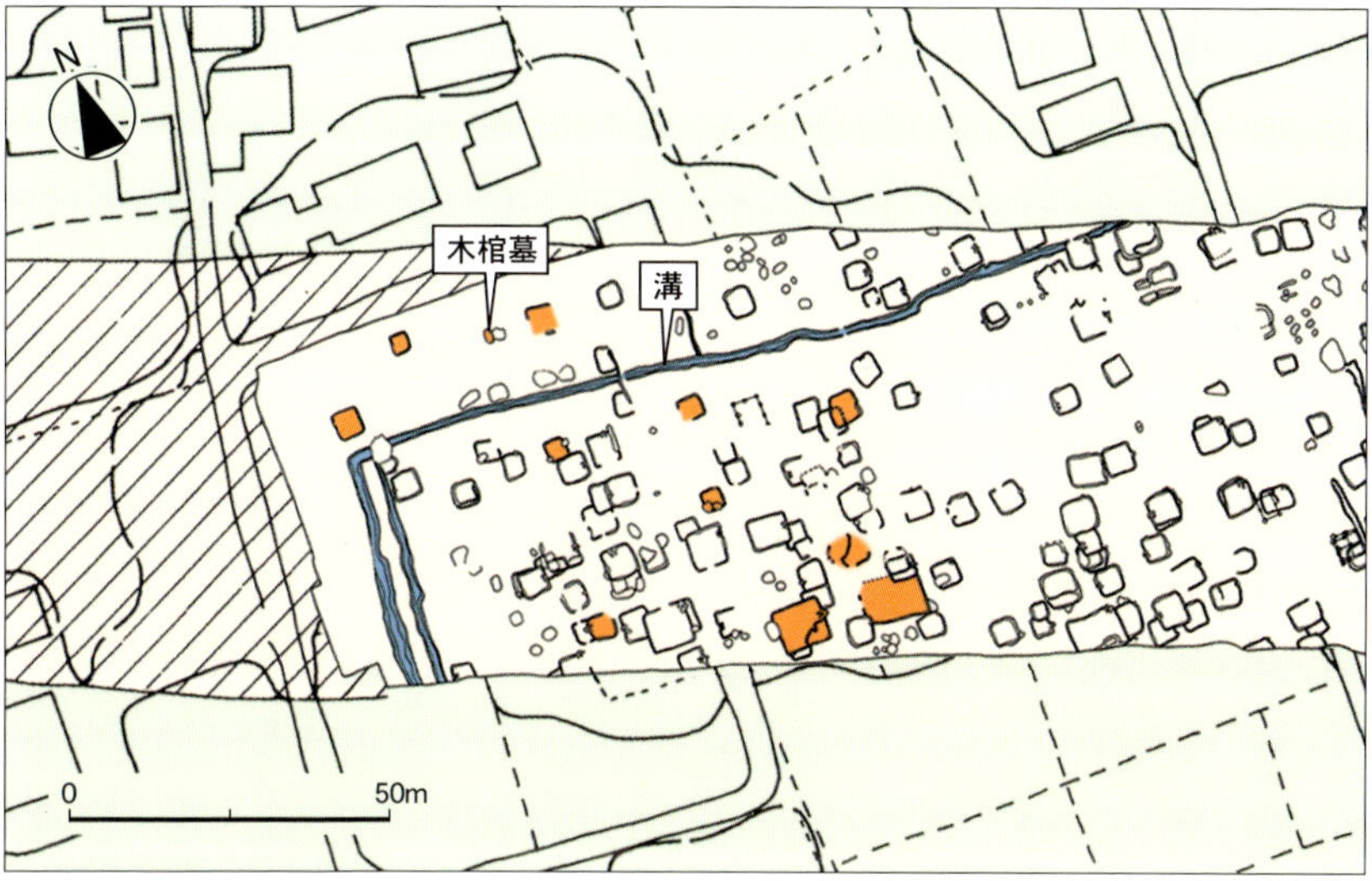

図 19 ●9 世紀末の遺構分布
建物の位置の移動がよくわかる。村のなかに溝が掘られる。
直角に曲がった溝は村の境を示しているのだろうか。

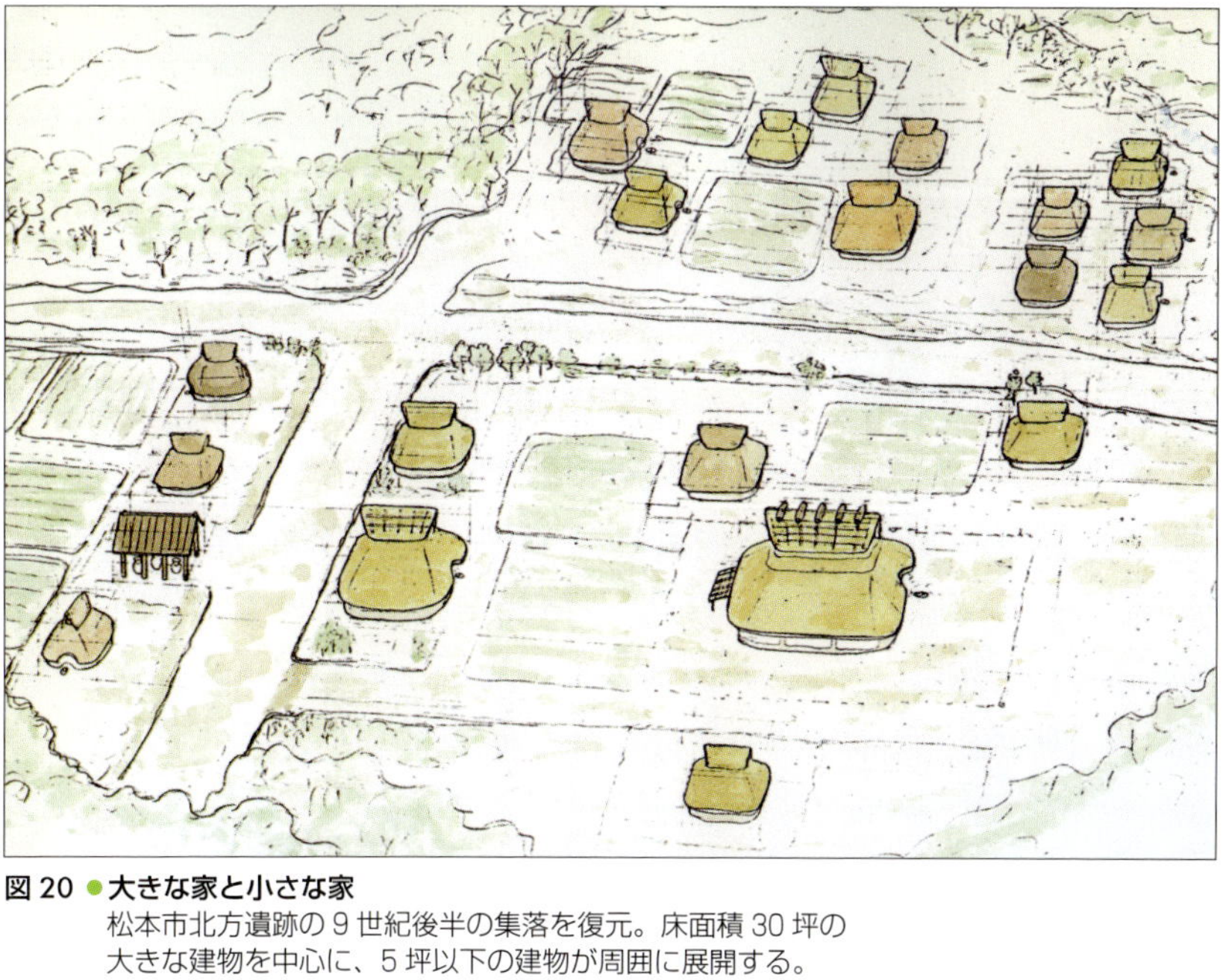

図 20 ●大きな家と小さな家
松本市北方遺跡の 9 世紀後半の集落を復元。床面積 30 坪の
大きな建物を中心に、5 坪以下の建物が周囲に展開する。

大きな竪穴建物からは、緑釉陶器《りょくゆうとうき》や朱墨パレットが出土している。これらは、建物がないところからも出土している。この空間には、発見できなかった平地建物があったのかもしれない。有力者の拠点は、二棟の大型竪穴建物と平地建物によって構成されていた可能性がある。

また、幅一メートル前後の溝が、建物群を分断するように掘られていた。溝の西端は、村の境を決めるように直角に曲げられている。周囲との明確な区画とは思えないが、土地を区別する意識が生まれてきたようにみえる。

このような「大きな家と小さな家」への集落景観の変化は、塩尻市丘中学校《おかちゅうがっこう》遺跡や松本市小原《おばら》遺跡、松本市北方《きたがた》遺跡など松本平の多くの遺跡でみられるようになる（図20）。まるで、大きな家の一握りの有力者に、周りの者たちが従属しているようにみえる。一握りの有力者によってムラの経営が左右されるようになったと考えられる。

富める村、衰退する村

村の内部に変化があったように、同じ頃、田川流域の村々に変動がおきる。吉田川西遺跡の東側五〇〇メートルほど離れた小高い場所にある小池遺跡に、まるで役所のような庇《ひさし》をもった巨大な掘立柱建物がつくられ、緑釉陶器が多量にもち込まれるようになる。突出した財産と景観をもった村の登場である（図21）。

それから四半世紀経つと、吉田川西遺跡にも多量の緑釉陶器がもち込まれるようになる（図23）。その量をみるかぎり、緑釉陶器をもつ力は小池遺跡と交代したかのようでもある。

田川流域ではこの頃、緑釉陶器を多量にもつ集落と、あまりもたない集落があって、集落の間に格差がみられるようになる。比較的平等にみえた各集落間のバランスが崩れはじめたのだ。

奈良井川西岸域の変動

田川流域ばかりではない。松本平全体にも大きな変化がおとずれる。

奈良井川西岸域では、下神《しもかん》遺跡が九世紀中頃に急速に力をつける。村の一画に溝や塀で区画された空間ができ、京都産の緑釉陶器や赤彩《せきさい》土器などほかの村では使われない食器を数多く使っている。墨書のなかに「草茂」があり、下神遺跡が記録に残る初期荘園草茂荘の中心であった可能性を示している。下神遺跡の有力者は、大納言藤原冬緒《ふじわらのふゆお》と結びつき、みずからの耕地を寄進し、荘園「草茂」として、その居住区画を荘園を経営する施設「荘家《しょうけ》」と称したのではないだろうか。加えて

図21 ● 小池遺跡復元図
複雑な庇をだす建物。古代では長野県でもっとも規模が大きい。

「南殿」「西戸舎」「小長」などの墨書もあり、荘園を管理する役所が存在した可能性もある（図22）。しかし、この富める下神遺跡は九世紀後半には忽然と姿を消してしまう。

同じように奈良井川西岸域では、北栗《きたくり》遺跡の村や「大きな家と小さな家」の景観をもった三《さん》の宮《みや》遺跡の村も一〇世紀になる前に消滅してしまう。この地域では、延長二キロにわたって七世紀後半から存在していた村が、それほど時間をおかずにほとんどが消滅する。村人たちは水田や畑地などの耕地を放棄し、移動したというよりは逃亡した可能性が高い。

ところが、北にはそれまで人が住まなかった松本市北方遺跡に、九世紀末に突然大きな村が登場する。一軒の大きな竪穴建物を中心に、三〇軒以上が周囲に展開する「大きな家と小さな家」の景観をもっている。消滅した村から人びとを集めて規模の大きな開発を推進したようにみえる。しかし、長続きはしない。さらに西方に、九世紀後半から三間沢川《みまざわがわ》左岸《さがん》遺跡が登場する。隣接する川西開田《かわにしかいでん》遺跡を含めて竪穴建物の数が大幅に増加し、越州窯青磁《えっしゅうようせいじ》や多量の緑釉陶器

図22 ● 下神遺跡の中心部分の復元
初期荘園「草茂」の中心部分の復元。墨書、陶器、漆紙などが出土し、「荘家」の可能性が高いがどれをとってもまだ謎が多い。

を出土し、巨大な富をもつ村に成長する。開発が成功した村の一つといえる。

田川流域と東山山麓

衰退と集中を特徴とする奈良井川西岸域とは違い、田川流域ではそれまでつづいてきた村々は竪穴建物の数を減らすが、その後も継続してゆく。いずれの村からも緑釉陶器が一定量出土しており、村の内部には丘中学校遺跡や小原遺跡のように、「大きな家と小さな家」の景観ができあがる。村の経営を握った限られた有力者が経営に成功、あるいはその継承が順調だったのであろう。ただ、松本市百瀬《ももせ》遺跡は一〇世紀になると消滅する。また小池遺跡は村を山麓部分に拡大する。このように奈良井川西岸域と同様な変化もおこっている。

また、九世紀末にはこれまで開発の手がおよんでいなかった東山山麓に村がつくられる（俎原《まないたっぱら》遺跡や内田原《うちだっぱら》遺跡、図10参照）。このあたりは、水田経営に適した立地とはとてもいえない。しかし、これらの村は緑釉陶器などの財産をもっており、平地の村の衰退によって逃亡した人びとがつくった村とは思えない。

それまでの村がつくられなかった場所、山間地への進出は松本平だけではない。長野県下にみられる共通した現象である。

変貌した村域

平等におこなわれていた村の経営は、「大きな家と小さな家」の景観にあらわれるように、一握りの有力者に集中し、ほかの人びとは隷属するしかなかったのかもしれない。有力者のなかには経済力をもち、都の貴族と結びついたりした者もいただろう。その力の差は緑釉陶器の量の差にあらわれ、それが村の格差にもあらわれる。

都への隷属を甘んじて受けようとせず、山麓地などそれまで開発のおよばなかった新天地を求めて飛び出していった人びともいたであろう。しかし一握りの有力者の能力にかかった経営は、けっして安定したものではない。有力者の死や天候不順などで経営が失敗した場合には村が崩壊し、隷属していた人びとはほかの集落へ吸収される。逆にそれらの人びとを集めて経営を拡大し、成功させた者もいたであろう。

これだけ人びとの動きがはげしいと、国家が人びとを掌握し税を集めることは困難になってくる。そのため村を代表する一人を掌握し、税を集める方向に変わらざるをえなかったのであろう。まさに律令制の崩壊する大変動の時代であった。

2　富の象徴、緑釉陶器

多量の緑釉陶器

緑釉陶器は、九世紀前半に唐から輸入された青磁を模倣して生産された。一度焼き上げた素焼きの器の上に緑青を混ぜた鉛の釉薬《ゆうやく》をかけて緑色に発色させた焼物で、平安時代に京都周辺で生産が始まり、その後、生産は尾張国や美濃国へと広がってゆく。

当時の役人たちは、厳格な職制と位階制度によって身分が規定されており、さまざまな場面で身分がはっきりわかるように工夫されていた。たとえば儀式の際の服装の色は、衣服令によってもっとも高い身分の深紫から浅紫、深緋、浅緋、深緑……と定められている。食器も同じように身分によって決められていた。『延喜式《えんぎしき》』によると、緑釉陶器は「青瓷《あおし》」とよばれ、身分が高い役人が使うよう規定されている。ちなみに天皇や皇族は「金器銀器」、それにつづいて朱漆、黒漆、陶器の椀となる。都では、公の儀式のあとの宴会に臨むと、身分に合わせた食器が並べられ、その種類によって一目でそれぞれの身分がわかるようになっていた。

そのような宴会での食器の使い方が、儀式とともに信濃国に伝わってくる。当然、まず国府、そして郡衙という順番であった。宴会の末席に並んだ在地の人びとは、都からやってきた役人のもつ緑釉陶器の輝きに、どれほど驚いたか想像するに難くない。その輝く緑色の器を、みずから手に入れたいと思ったであろう。当然それを手に入れるためには、国府や郡衙との結びつき、さらには経済力も必要であったと思われる。

吉田川西遺跡では、一般の村に多い椀や皿（図23）だけでなく花の文様が彫られた皿、二つの耳がつけられた双耳壺《そうじこ》、耳皿《みみざら》、三足盤《さんそくばん》などの特殊な緑釉陶器が出土した。田川流域のほかの村でも緑釉陶器は出土するが、これほどたくさんの量ではない。吉田川西遺跡の村の有力者は質、量ともに卓越した緑釉陶器を手に入れる財力と政治力をもっていた。東の小池遺跡では先に述べたように、九世紀中頃の緑釉陶器を比較的多く出土するが、それ以後は緑釉陶器はみあたらない。

この時期、吉田川西遺跡以外にこれほどたくさんの器種と量を出土する遺跡はない。一〇世紀に入っても多数の緑釉陶器がもち込まれているのをみると、富を集める力は引き継がれていたことがわかる。

碗

皿

花文皿

図 23 ● さまざまな緑釉陶器
この時代の緑釉陶器は、黄緑の淡い発色の釉薬がかかる。器面も丁寧に磨かれ発色がすばらしい。

越州窯青磁と白磁

中国から輸入された磁器で、貴族たちが使った越州窯《えっしゅうよう》青磁や白磁（図24）も吉田川西遺跡にもち込まれた。

中国の茶の知識をまとめた『茶経《ちゃきょう》』の器の項に、「碗は、越州が上、（中略）邢州《けいしゅう》を越州の上とするが、そのようなことはない。もし邢州の瓷器《しき》を銀にたとえるなら、越州の瓷器は玉にたとえられる」と、越州窯青磁は高く評価されているが、邢州の白磁も高く評価されている。

越州窯青磁は長江以南の浙江省《せっこうしょう》あたりで生産され、九世紀後半から一〇世紀にさかんに輸入される。胎土《たいど》は緻密で、透明感の強い淡い緑色に発色しており、玉というたとえがぴったりである。白磁も不

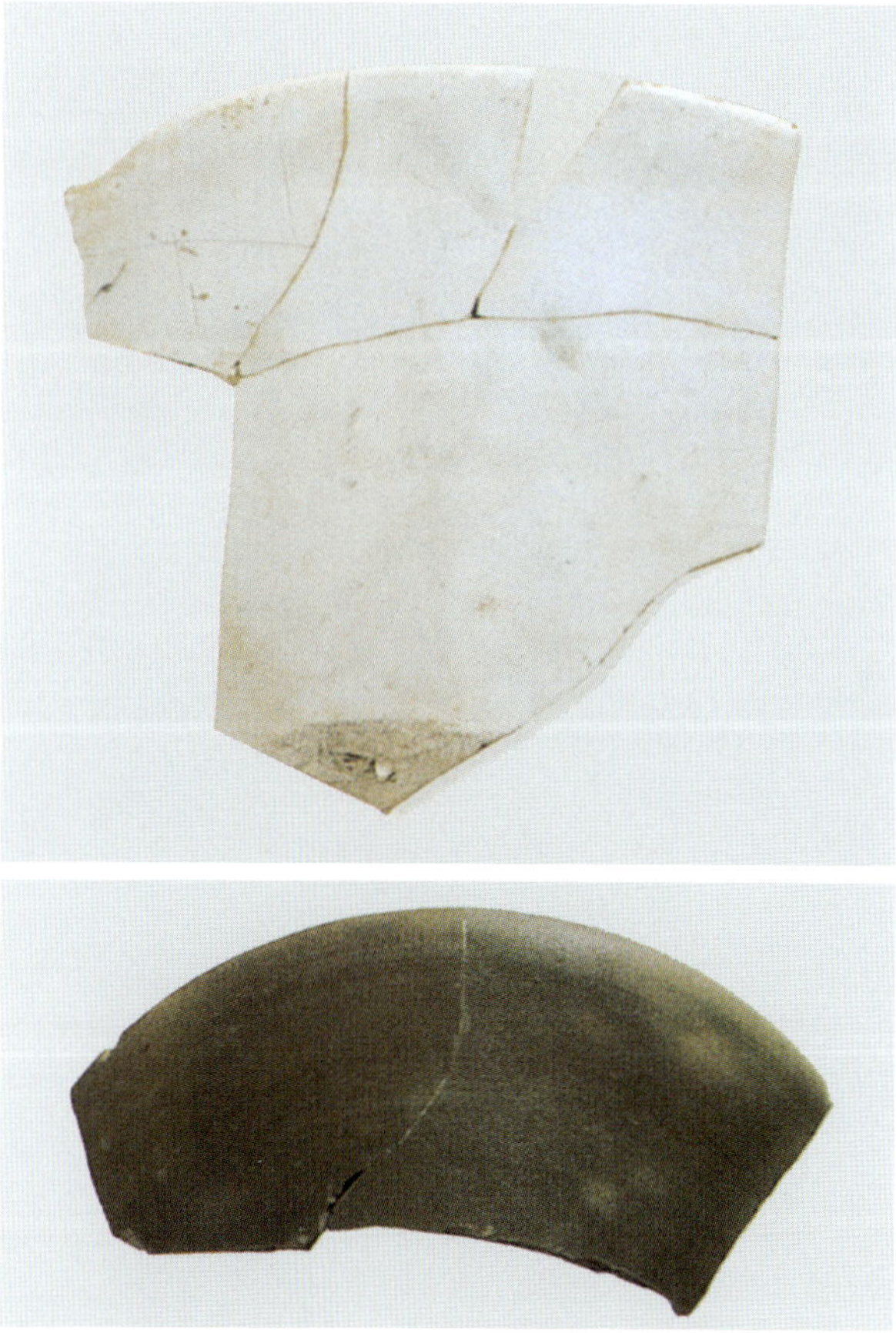

図24 ● **唐末五代の白磁**（上）**と越州窯青磁碗**（下）
調査中、白磁は「電気の傘」とよばれた。それぐらい薄く、表面採集で出てきたら、古いとする自信はない。合計5点みつかっている。青磁は「玉」にたとえられるほどの色の深さをもっている。

純物のほとんどない白色の緻密な胎土で、薄く仕上がっている。この時期、この二つの貿易陶磁をもち込めるということは、村の有力者がかなりの力をもっていたことを意味する。

3　みえてきた吉田川西遺跡の有力者

「榛原」と「蘇」の墨書

さて九世紀後半、吉田川西遺跡では多くの緑釉陶器を手に入れらるような力を、どうしてもつようになったのだろう。その力は稲作によったのだろうか。近世に至るまで田川流域は、田川の水量が少なく水不足に悩ませられ、多くの溜池がつくられていた。この状況が古代でも大きく違っていたとは思えない。また、苧《からむし》の茎から繊維をとるための引金具や紡錘車《ぼうすいしゃ》の出土から、苧をとり糸を紡いでいたこともわかっている。しかし、これとてもほかの村と比較してけっして優位といえない。

ヒントは、大型の竪穴建物から出土した達筆で書かれた「榛原」の墨書土器が与えてくれる（図25左）。

「榛原」は、普通に読めば「はりはら」「はりばら」だが、駿河国の榛原郡は「はいばらぐん」と読む。『倭名類聚抄《わみょうるいじゅしょう》』に信濃国には御牧《みまき》として「埴原牧《はいばらのまき》」がおかれていた。現在も埴原という地名が、吉田川西遺跡に近い東山山麓の中山地区にある。もし墨書の「榛原」が「埴原」のことだとすると、吉田川西遺跡と埴原牧とを結びつけていろいろな想定ができる。

しかも吉田川西遺跡からは「蘇」という墨書もいくつかみつかっており（図25右）、牧との関係を考えさせる。蘇は牛乳からつくったチーズで、『延喜式』にも、信濃国から蘇が「十三壺　五口各大一升　八口各少一升」都におさめられたことが記されている。当時牧には、馬ばかりでなく牛も飼われていたことがわかる。一〇一四年（長和三）に大納言藤原実資《ふじわらのさねすけ》が記した『小右記《しょうゆうき》』には、同じ塩尻市内にあったと思われる洗馬牧《せばのまき》から「洗馬牧司忠明朝臣駒一疋を牽進す。別に牛一頭胡簶一腰大壺等を貢す」とあり、大壺に蘇をいれて都に送ったことも考えられる。

埴原牧

『倭名類聚抄』に、信濃国には官牧《かんまき》（御牧）が一六牧おかれ、毎年四月に都に送る貢馬《こうま》の数も八〇疋と、全国で第一位を占めていたとある。牧は、馬の繁殖を目的として設置され、馬は都へ送られたり軍団に供給したり、駅馬などさまざまな目的につかわれた。御牧は、筑摩郡には二カ所おかれるが、そのうちの一つが埴原牧である。なお埴原には信濃国一六牧を管轄する牧《もく》監《げん》の給与にあてられた公廨田《くげでん》六町がおかれていた。

図25 ●「榛原」（左）と「蘇」（右）の墨書
「榛原」の墨書は、整理作業をしているときにみつかった。
「蘇」は牛乳からつくったチーズ。牛は現在のホルスタインと違い、そんなに乳は出なかったようである。

牧は吉田川西遺跡があるような平地にはおかれない。古代の埴原牧は、現在も地名が残る東山の山麓の埴原地区におかれ、中世にはその南に内田牧が展開したといわれる。地形をみると鉢伏山からのゆるやかな斜面が、流れ下る河川によって谷状に削られていて、馬の放し飼いなどの管理に適した地形だと考えられる（図10参照）。

牧には責任者の牧長《ぼくちょう》と牧帳《ぼくちょう》が一人ずつおかれ、馬一〇〇疋を牧子《ぼくし》二人がまとめ、その下に実際に飼育をする馬子《まご》、さらには馬の医者や調教をする専門家がいた。働いている人びとの数はかなりにのぼる。牧子は馬を損失したりすれば弁償しなければならないが、税を免除される部分も多く、富を蓄える者もいたと考えられる。

牧を支えた田川流域の村

中山地区は、農業基盤整備事業で発掘調査がおこなわれたが、牧に関連した遺構も経営にたずさわった人びとのいた村もみつかっていない。埴原牧で働いていた多くの人びとはどこに住んでいたのだろうか。馬を管理するのにわざわざ山の中に村をつくる必要はない。調査でみつからないので、かれらの村は山の中ではなさそうである。直線距離で二キロほどと、それほど遠くない田川流域に住んでいたとしてもおかしくない。田川流域に展開する村々に牧で働く人びとが、わかれて住んでいたと考えたらどうであろう。

九世紀中頃には緑釉陶器の量にみられるように、突出した経済力をもった小池遺跡の村の有力者が、埴原牧の実質的な掌握を完了する。その象徴が大形掘立柱建物である。役所としての機能も兼ね備えていたであろう。しかし、九世紀末には、墨書「榛原」があり、また緑釉陶器の量の多さにみられるように、吉田川西遺跡の村を経営する有力者が、小池遺跡にかわって実質的に牧をおさえていた可能性がある。

一字墨書「万」への結束

牧を実質的に支配した吉田川西の村の有力者とはどのような人物だったのだろうか。

吉田川西遺跡から出土する墨書は、それまで多くの種類の字が書かれていたが、九世紀後半になると、「万」「休」という二つの字にほぼ集約され、それも多数書かれるようになる。とくに「万」の字は大型の竪穴建物を中心に、その周囲のいくつもの竪穴建物から出土した（図26）。その「万」には達筆もあれば、やや形が崩れたもの、書き順がまちがっ

図26●「万」の墨書
数多く書かれた「万」の墨書。書き順などはいいかげんなものもあり、字を知らない人まで書いたのだろう。

ているもの、さらに形はよく似ているが「万」にはみえないものなど、さまざまである。書き手は何人もいて、そのなかには字も知らない人も多くいたようである。また、黒色土器に鋭利な刃物で「万」を刻み込んだもの、それまではなかった土器の内面にまで書かれたものがみられる。多くの人びとが「万」という字を書くことは、一つの大きな竪穴建物の周りに小さな竪穴建物が展開する景観と考え合わせれば、一握りの有力者のもとに団結している、あるいは従っている姿を示しているのかもしれない。

実は「万」はこの時期から書き始められたのではない。比較的規

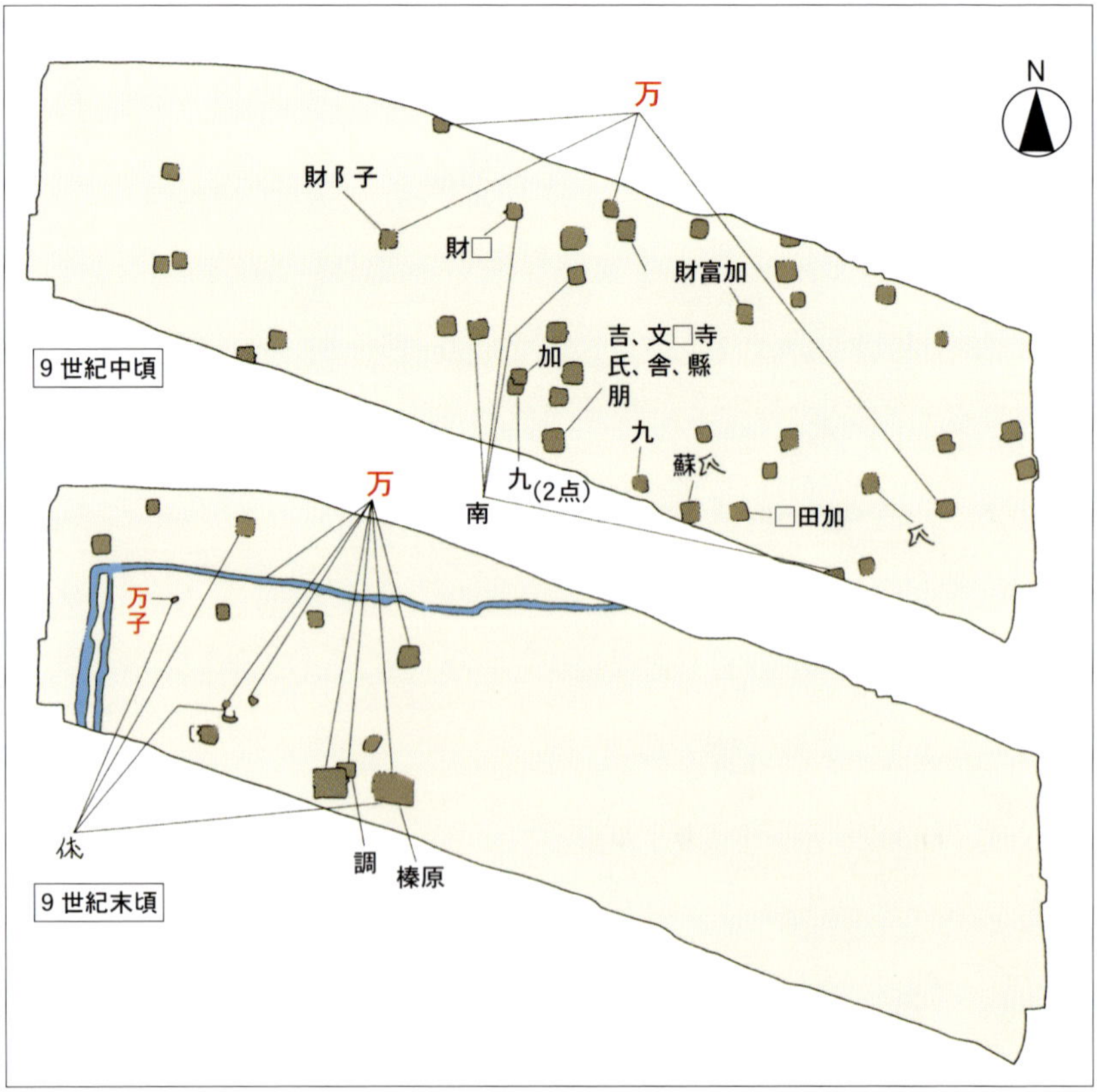

図 27 ● 9 世紀中頃と 9 世紀末の墨書の分布
建物の位置が移動しても、「万」の墨書は書きつづけられる。

模の均一な竪穴建物が展開していた一つ前の時期の集落にも「万」の墨書がみられる（図27）。想像をたくましくすれば、集落のなかから「万」を書く一握りの人びとが、徐々に力をつけ、有力者にのし上がったのではないか、という推定もできる。

有力者となったこれらの人びとの能力は卓越しており、朱墨パレットの存在などから地方官人としての役割を手中におさめていたことを物語る。その実力によって、小池遺跡の有力者がそれまでかかわっていた埴原牧の実権をにぎったのだろう。生産された馬は、戦闘や移動の手段にとどまらず、官位に応じて乗馬資格が定められたように、社会的な威信財として重要である。その馬生産の掌握は、国府あるいは貴族との結びつきを強め、田川流域のなかでも比類なき政治力を得た可能性がある。当然、すべての馬は規定どおりに都へ送られたわけではなかろう。私的な流用は、大いに富をもたらしてくれたのではないだろうか。

さらにこの時期の吉田川西遺跡では、鉄鏃が多く出土する。かれらが武装し、トラブルの解決を武力に頼ろうとする姿もみえてくる。加えて、村は東山道に面した交通の要衝にあり、生産した馬を用いて運送業者的な活動をしていた可能性も考えられる。

これは吉田川西遺跡だけの現象ではない。松本市内の北方遺跡の「青」、三の宮遺跡の「兎」、平田本郷遺跡の「几」など、松本平のみならず、信濃全体で、村々が一字のもとに結集する姿がみられる。「大きな家と小さな家」の景観の成立とともに、一握りの有力者によって村が経営されるように変化したあらわれといえる。

僦馬の党

九世紀後半以降になると、「群盗」とよばれる人びとによって全国的に治安を乱す事件が頻発する。八九五年（寛平七）には、信濃・上野《こうずけ》・甲斐《かい》・武蔵《むさし》国に群盗による大きな被害が出たことが政府に報告されている。上野国司が八九九年（昌泰二）に、「板東諸国で、強盗団が蜂起し被害が大きいが、かれらは僦馬《しゅうま》の党《とう》といい、馬で荷物を運搬する者たちの仕業である。板東諸国の富豪たちは馬による輸送を利用しているが、その馬は略奪によって調達している。かれらは東山道で馬を盗み東海道でつかい、あるいは東海道で馬を盗み東山道でつかっている。一疋の馬を盗むためには、平気で人の命を奪い、ついには徒党を組んで略奪をする。国司が協力してとり締まろうとすると、ちりぢりになって碓氷《うすい》峠や足柄《あしがら》峠をこえて、信濃や駿河《するが》に逃げこもうとする」と報告している。

松本平の吉田川西遺跡の有力者は東山道沿いに住み、馬を自由に入手し、鉄鏃で武装もしていた。かれらは僦馬の党のような顔をもっていたのではないだろうか。律令制度の枠組みを崩し、在地社会に新たな時代をつくりだしていく立役者であったのであろう。

4　都の貴族の介入

緑釉陶器がでた！

一九〇〇年、秋のやや日が落ちた午後三時頃、調査研究員が「緑釉陶器がでた！」と驚いた様子でやってきた。

　あわてて現場へ行くと、トレンチのなかから、濃緑色に輝く緑釉陶器の完形の皿が顔を出していた。トレンチをのぞき込むと、その奥にさらにもう一枚の緑釉陶器の皿が顔をのぞかせている。手渡された竹べらで少し掘り下げると、小ぶりの緑釉陶器の椀が顔をのぞかせた（図28）。土のなかから濃緑色の輝きがあらわれた瞬間は今も忘れることができない。周囲に作業員さんたちの人垣ができる。調査が進むうちに、緑釉陶器は皿が四点に椀が一点とふえ、もう一まわり大ぶりな緑釉陶器の底部が顔をだした。

　時刻は、すでに作業終了の五時に近づいていた。出土した緑釉陶器を、どうしておくかが問題になった。このままにしておいて盗まれでもしたらという心配がある。しかし、まだ図や写真など記録を一つもとってない。「残していこう」という結論になった。いろいろ思案した結果、工事用の厚い敷鉄板をかぶせ、それでも不安で軽トラックをその上に駐車させておいた。調査地区内にポツンと場違いなトラックというおかしな光景をなつかしく思い出す。

図 28 ● 緑釉陶器を掘りだす瞬間
竹べらを持つ手が震えた。土の中から出てきた瞬間の緑色の輝きは、忘れることができない。

　このように緑釉陶器がまとまって発見されたのは、東日本では群馬県の山王廃《さんのうはい》寺《じ》跡ぐらいしかなく、多くのマスコミでとり上げられた。ある著名な研究者は見にこられて、「何でこんなところから……」と後の言葉はつづかなかった。

木棺墓

　多くの緑釉陶器が出土したのは、村のなかの竪穴建物に接して造られた一〇世紀前半の木棺墓だった（図19・29）。

　墓は、長さ二・二メートル、幅一・二メートルの長

図29 ● 木棺墓
横に掘られている溝は試掘トレンチである。幅わずか30㎝ほどにもかかわらず、よくぞ緑釉陶器にあたったものだと、感心している。

楕円形の穴を掘り、中央に木棺が据えられる。木棺の大きさからすると、遺体は身体をのばしておさめられていた。遺体の頭部には、漆箱や鏡などが入れられ、蓋がかぶせられる。木棺と壁の間のわずかな空間には、食器が押し込まれるように入れられ、土を埋め戻して、最後に目印の大きな石がおかれた。土饅頭のように土を盛り上げた可能性もある。

このような木棺墓は、九世紀末に信濃国全体に登場する。最初は木棺を炭でおおう木炭郭《もくたんかく》や、木で枠をつくっておおう木郭《もっかく》などが用いられる。食器をわざわざ箱に入れたりして丁寧な埋葬がおこなわれた。埋葬は徐々に簡略化されてゆくが、一一世紀中頃までつくられている。

墓におさめられた物

木棺墓におさめられた品々には特徴がある。入れられた位置から、それらは二つにわけられる。まず一つは、木棺の両脇に入れられた食器である（図

図30 ● 出土した緑釉陶器椀・皿と灰釉陶器瓶
緑釉陶器は近江産、灰釉陶器は東海地方で生産された。緑釉陶器の食器は埋められる前は大事に使われていたと考えていたが、内面の擦れが顕著で、頻繁に使われていたことがわかった。

30）。緑釉陶器椀二点、皿三点、耳皿一点という豪華さは、長野県の木棺墓のなかで群を抜いている。加えて灰釉陶器の小形の広口瓶、そして多数の土師器の食器が入れられる。焼物の種類ごとに遺体の頭部に近いほうに緑釉陶器、身体部に土師器というようにおさめられていた。ただ、丁寧においたというよりも木棺の脇に押し込んだようである。食器に貯蔵具という組み合わせは、この時期の木棺墓と共通しており、押し込むように入れてあるのは、食器が死者に供えられたというより葬送の儀礼の際に用いられたからか

図 31 ● 瑞花双鳥八稜鏡（径 11.1 cm）
鏡専用の八角形の漆箱に入っていた。絹と思われる目のこまかい布でおおわれて埋納されたようである。

シリーズ「遺跡を学ぶ」

◎第Ⅰ期［全31冊］　セット函入46500円＋税

A5判96頁オールカラー／各1500円＋税

01 北辺の海の民・モヨロ貝塚　米村 衛
02 天下布武の城・安土城　木戸雅寿
03 古墳時代の地域社会復元・三ツ寺Ⅰ遺跡　若狭 徹
04 原始集落を掘る・尖石遺跡　勅使河原 彰
05 世界をリードした磁器窯・肥前窯　大橋康二
06 五千年におよぶムラ・平出遺跡　小林康男
07 豊饒の海の縄文文化・曽畑貝塚　木﨑康弘
08 未盗掘石室の発見・雪野山古墳　佐々木憲一
09 氷河期を生き抜いた狩人・矢出川遺跡　堤 隆
10 描かれた黄泉の世界・王塚古墳　柳沢一男
11 江戸のミクロコスモス・加賀藩江戸屋敷　追川吉生
12 北の黒曜石の道・白滝遺跡群　木村英明
13 古代祭祀とシルクロードの終着地・沖ノ島　弓場紀知
14 黒潮を渡った黒曜石・見高段間遺跡　池谷信之
15 縄文のイエとムラの風景・御所野遺跡　高田和徳
16 鉄剣銘一一五文字の謎に迫る・埼玉古墳群　高橋一夫
17 石にこめた縄文人の祈り・大湯環状列石　秋元信夫
18 土器製塩の島・喜兵衛島製塩遺跡と古墳　近藤義郎
19 縄文の社会構造をのぞく・姥山貝塚　堀越正行
20 大仏造立の都・紫香楽宮　小笠原好彦
21 律令国家の対蝦夷政策・相馬の製鉄遺跡群　飯村 均
22 筑紫政権からヤマト政権へ・豊前石塚山古墳　長嶺正秀
23 弥生実年代と都市論のゆくえ・池上曽根遺跡　秋山浩三
24 最古の王墓・吉武高木遺跡　常松幹雄
25 石槍革命・八風山遺跡群　須藤隆司
26 大和葛城の大古墳群・馬見古墳群　河上邦彦
27 南九州に栄えた縄文文化・上野原遺跡　新東晃一
28 泉北丘陵に広がる須恵器窯・陶邑遺跡群　中村 浩
29 東北古墳研究の原点・会津大塚山古墳　辻 秀人
30 赤城山麓の三万年前のムラ・下触牛伏遺跡　小菅将夫
別冊1 黒耀石の原産地を探る・鷹山遺跡群　黒耀石体験ミュージアム

もしれない。

次に頭部と考えられる場所からは、貴重な鏡をはじめ漆製品が入れられる。順序は、絹に包んだ瑞《ずい》花《か》双鳥《そうちょう》八稜《はちりょう》鏡《きょう》（図31）が入った八角形の漆箱を入れ、その上に長方形の漆皮箱をおく。残念ながら箱のなかには、なにも残っていなかった。貴重な物が入っていたのであろう。その上に漆器椀がおかれていた。すべて当時としては高価な漆製品である。その位置からして、死者が生前愛用していた品々ではないかと思われる。

埋葬されたのは誰か

松本平をはじめ長野県では、古墳がつくられなくなってから、奈良時代、そして平安時代の初めまで墓の発見はない。どのような墓がどこにつくられたのかわからないのである。九世紀後半になってから墓が登場し、それが木棺墓なのである。このような墓は、木郭や木炭郭などの構造や食器の組み合わせをみるかぎり、地元で生まれたのではなく、都で流行した貴族の墓との関連が考えられる。現在もそうであるが、葬送の儀式はもっとも保守的である。木棺墓をつくった人物は、一連の儀式を含め、都における葬儀のしっかりとした知識をもっていたことは確かである。

さらに墓のつくられた場所は、竪穴建物が建つ村のなかである。平安時代は死の穢《けが》れをもっとも嫌っていた時代である。そんな風潮のなかでつくられたにもかかわらず、墓には目印である大きな石がおかれている。墓の主は村の開発神として忘れられないように、またその功績にあやかりたいというような願いをもって、そこに葬られたのではないだろうか。

また墓に入れられた食器からすると、葬儀への参列者はかなりの数にのぼる。さらに使われた緑釉陶器は、畿内ですらその出土はめずらしい。埋葬者はかなり身分の高い人物になる。さらに葬式をとりおこなった者も、多くの人びとを集め、惜しげもなく緑釉陶器を使い、埋めている。自分が死者の後継者であることを示すセレモニーをみせる必要があったためだろうか。こう考えると、木棺墓の被葬者あるいは墓をつくり儀式を主催した者は、都から下向した貴族であった可能性が十分にある。

この貴族は牧で生産される馬や、交通の要衝としてのこの地のさまざまな利益に目をつけ、吉田川西遺跡の村に入り込んだと思われる。そして、越州窯青磁や白磁、緑釉陶器、金メッキの鈴（図32）などを都からもち込み、律令制の崩壊で混乱している在地社会と中央の有力者を結びつけ、新たな秩序を形成するのに一役買うことになる。しかし、拠点となる施設をけっしてつくらず、在地の社会に長居はしない。利益を上げれば、向かうところは都である。

図32 ●金メッキの鈴
出土したときは緑青におおわれてしまっていた。整理作業に入り緑青を除去すると、輝きをとり戻した。

第4章　古代から中世へ

1　一〇世紀代におこるさまざまな変動

移動する居住地

吉田川西遺跡の村は、前章でみたように九世紀末に絶頂期を迎え、その後も同じ空間に建物が建てつづけられる。緑釉陶器も安定した量がもち込まれる。しかし一〇世紀後半になると、竪穴建物がそれまで分布していた西側から徐々に東側に移り、建物の規模は縮小し、その数も減少してゆく。

緑釉陶器はほかの村と比較しても遜色ない量が出土しているので、ある程度の経済力はあったようだが往事の活況はみられない。豪華な副葬品とともに墓に葬られた都の貴族の系譜を引く者たちが力を失ったのか、あるいは居住地の移動か、なんらかの力の交代をあらわしている。いずれにしても牧を経営して田川流域に影響をおよぼしていたと思われる有力者の力は失われている。

巨大な村の消滅と身の丈にあった開発

田川沿いに展開する村は、あまり規模を変動させずに継続しているのに対して、奈良井川西岸では三間沢川左岸遺跡の村が、周辺の没落した集落から多くの人びとを集め巨大化し、富を一手におさめていたにもかかわらず、急速に衰退する。東山山麓の比較的標高の高い場所に展開した村も忽然となくなってしまい、現在まで人びとの住まない土地となる。

ところが一〇世紀末になると、九世紀代まで村がありながらその後放棄された所に(三の宮遺跡、北栗遺跡など、図11参照)、一〇〇メートル程度の距離をおいて、二棟から三棟の建物を単位とした小さな村が形成される。荒れはて、一度は捨てられた耕地の再開発である。それらは、一一世紀代まで継続する安定した村と、一世代程度しか継続しない村などさまざまにわかれる。九世紀代のように多くの人びとが集まって村をつくり、広大な耕地を守っていく経営から、耕地を身近におく小回りのきく身の丈にあった経営に変わってゆくのである。

九世紀末から一〇世紀前半は、あらゆる面で一つの時代が終わり、新しい時代が始まる転換期であった。日常使う食器にさえも変化があらわれる。

木曽谷の再開通と食器の変化

東山道木曽路は八世紀に開通したが、管理ができなかったためか一世紀もたたずに使われなくなり、木曽谷にほとんど人が住まなくなる。ところが九世紀後半の大変動と連動して、木曽谷にも松本平から多くの人びとが進出して開発がはじまり、人びとが住むようになる。その結果が、美濃国と信濃国の国境争論に発展し、八七九年（元慶三）には都から役人が派遣されて「県坂の山岑」（現在の鳥居《とりい》峠）に国境が定められた。一〇世紀には木曽谷に多くの村がつくられ、神坂峠越えの東山道にかわって木曽谷が美濃国、そして都を結ぶ交通ルートとして重要な意味をもつようになる。平将門《たいらのまさかど》の乱（九四〇年）の際には木曽路の警護のためか「岐曽道使《きそどうし》」がおかれる。

この木曽路の再開通によって陶器生産のさかんな美濃国との距離が短縮すると、人びとが使う食器にも変化がおこる（図33）。

八世紀に開始された須恵器の生産は需要がなくなり、一〇世紀頃にその生産を停止する。技術的な系譜をひく土師器生産は、山中から平地に降りて生産をつづけたと思われる。しかし不思議なことに、須恵器生産が停止すると、壺や甕の貯蔵具がなくなり、水甕になりそうな一メートルを超える大甕もなくなってしまう。大甕がつぎに登場するのは一二世紀末であり、二〇〇年の空白が生じる。そうすると須恵器の大甕が生活に本当に必要だったのか

図 33 ● 11 世紀の食器
土師器の小形の食器が中心となり、灰釉陶器の数が増す。
煮炊具は鉄釜を模倣した土釜になる。

疑問がもたれる。大甕は実用品ではなく、古い時代の祭祀の道具であったのかもしれない。

土師器の食器は、大小二つの法量の杯、椀、盤、皿の構成になる。全体に厚く焼成があまく粗雑なつくりとなり、実用の器とは考えられなくなる。中世の「かわらけ」のように宴会専用で、一度使ったら二度と使わない食器だったようにみえる。ただし椀だけには黒色土器、灰釉《かいゆう》陶器、緑釉《りょくゆう》陶器と、たくさんの焼物がみられる。焼物の椀の種類の豊富さは、九世紀代までの身分によって食器の種類をかえるという考え方が残っていたのだろう。

特徴的なことは、九世紀中頃まで貴重品であった灰釉陶器が、あたりまえのように食器のなかに入ってくる。その背景には、地方の人びとが財力を得て多くの灰釉陶器を欲したのに対応して、東濃窯《とうのうよう》（今の岐阜県多治見《たじみ》市あたり）の生産が始まり、木曽路を通って大量に運び込まれたからだと思われる。

精神世界の変化

変化は人びとの精神世界にもおよんだ。それまでさかんに土

図 34 ● 鉄鐸
いくつもつないで、揺らしたり振ったりして音をたてる。長野県全域から出土する祭祀具。諏訪社には大きな鉄鐸が伝世している。

器に書かれていた墨書がみられなくなる。また須恵質や土師質の瓦塔《がとう》や鉄鉢形土器《てっぱつがた》など仏教的な遺物もなくなる。それらと交代するように、八稜鏡や鉄鐸《てったく》（図34）などが新しく祭祀の道具として使われるようになる。比較的平等に運営されていた村が、限られた有力者による運営となって、村を精神的にまとめる祭祀も大きく変わったのだろう。

松本平の西側、一〇〇〇メートルを超える山中に近世までつづいた若澤寺《にゃくたくじ》があった。その創建時の跡は元寺場《もとてらば》跡とよばれ、そこから多くの灯明皿とともに「安養□」と書かれた墨書がみつかっている。

律令社会の崩壊にともない、寺院は国家の保護を失った。力をつけてきた地方の支配者たちは、みずからの利益獲得を願うようになり、僧侶たちの霊力に期待するようになる。地元の支配者の保護のもと、僧侶たちは山にその修行の場を求め、九世紀末には山中に新たな宗教空間が誕生したようである。

2　館の登場

溝に囲まれた館

一〇世紀末頃に、吉田川西遺跡の村のなかに大きな溝で囲まれた一画があらわれる（図35）。すべては調査できなかったため南北は不明だが、東西一〇〇メートルの方形の区画である。中央部を南北に溝を入れて仕切り、東西二つに分割している。西側には平行して溝があり、溝と溝の間は道であった可能性がある。さらに西側には溝が切れている広い部分があり、入り口と思われる。溝は幅一〜二メートル、深いところで一メートルである。溝は区画をめぐっているが、つづいているわけではなく、途中で切れている箇所がある。水をたたえた痕跡も認められない。南西部分は一度埋めて掘り直している。江戸時代の城郭の堀のように防御的な役割の溝ではない。

巨大な竪穴建物と土器捨て場

西側区画には一辺一〇メートルの、長野県でカマドのついたこの時期としては最大の竪穴建物がつくられる（図36）。建物の柱穴はよくわからなかった。

この建物の特徴は、東側の壁際に沿って三〇〇点以上の土師器の食膳具が二枚から三枚重ねられて、八メートルにわたってほぼ一列に整然と並べられていたことである（図37）。これらの土師器は低い棚におかれたまま埋没し、その木の棚が腐ってしまったようである。この建物に多くの人びとが集まり、これらの食器を使っていたのだろう。さ

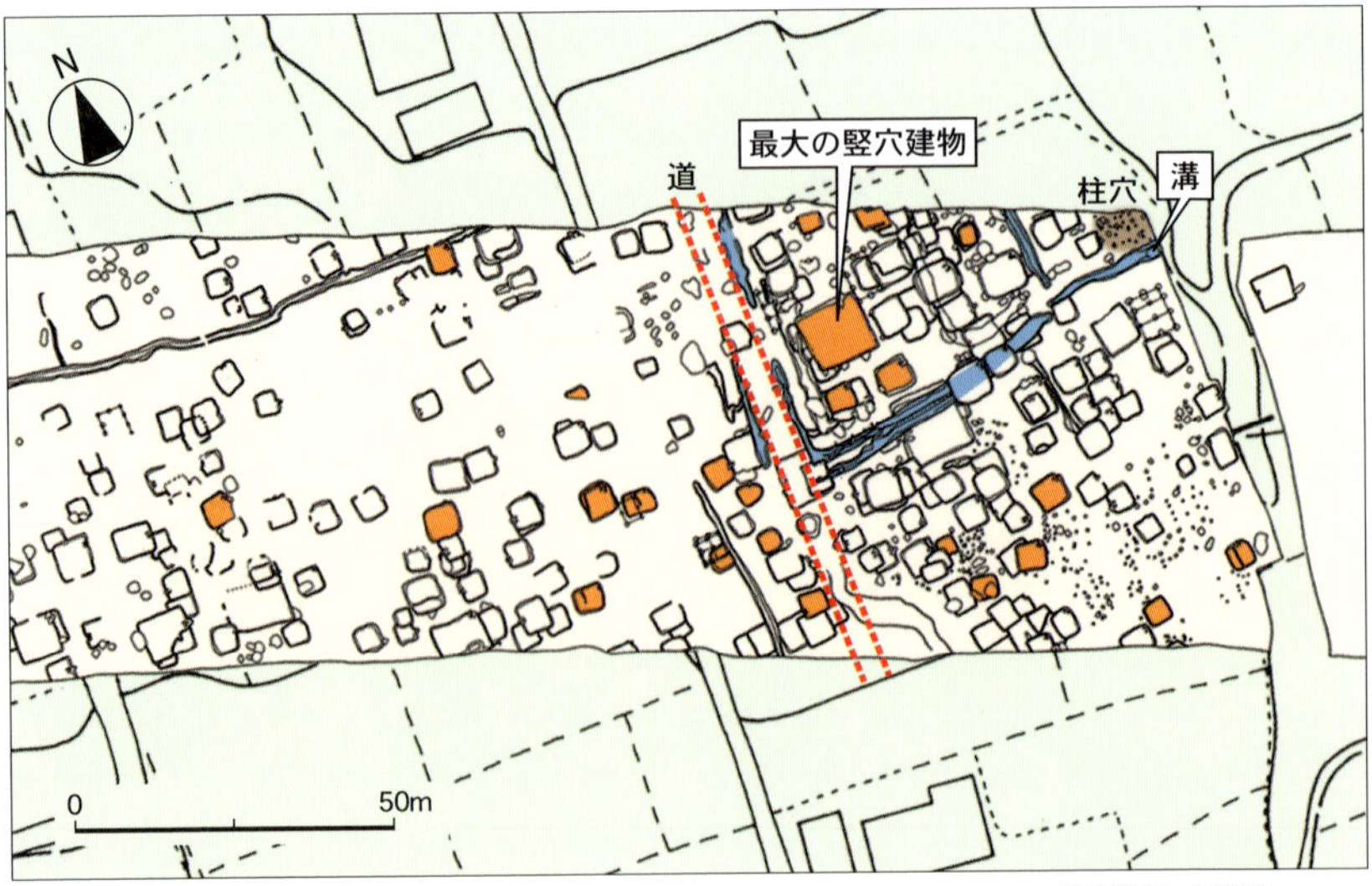

図35 ● 11世紀初めの遺構
溝で囲まれた空間の登場。

図 36 ● 最大の竪穴建物（上：北より、下：南より）
同じ時代の竪穴住居の面積はせいぜい 4 ～ 5 坪くらいだが、この建物は 30 坪もあり、上の写真のほかの建物とくらべるといかに大きいかがわかる。多くの人びとが集まることができた。

らに建物の北側には石を組んで火を焚いた、祭祀をおこなったような痕跡も認められる。

巨大な竪穴建物の周り、とくに北側からは土器捨て場が発見されている。土器捨て場の一つは、一メートルほどの楕円形をした浅い掘り込みで、割れた土師器の食器がまとまって出土している（図38下）。その北側にあるもう一つのへこみのなかにも、やはり多数の土師器の食器が捨てられていた。どちらも多量の食器が一度に使われ、一度に捨てられたものと考えられる。

緑釉陶器も出土しており、とくに西側区画内の土器捨て場一帯から多量に出土している。緑釉陶器は食器だけではなく、香炉や水注などの特殊な器種もみられる（図39）。土器捨て場の存在や多量の緑釉陶器の出土は、多くの人びとが大形の竪穴建物に集まって、宴会などの儀式をくり返しお

図 37 ● 最大の竪穴建物の壁際に並べられた食器
重ねられた土師器の杯がずらっと並んでいた。ほとんどが完全な形をしており、掘っていた作業員さんが思わず「もったいない」とつぶやいたほどだ。

図 38 ● 竪穴建物に捨てられた食器（上）**とゴミ捨て場**（下）
竪穴建物のなかには多くの食器が捨てられていた。ゴミ捨て場からは多量の土師器の破片が掘っても掘っても出てくる。範囲がはっきりしない。しっかりした穴が掘られずに、浅い凹みに捨てられたのか。

耳皿

香炉

壺

碗

椀

皿

皿

皿

図 39 ● **出土した緑釉陶器**
9 世紀のものとくらべると、より濃緑色の釉薬がかけられるが、全面施釉できていないもの、まだらなものなどさまざまである。産地もさまざまで、大量生産の結果か。

こなっていたことを推測させる。

朱墨パレットと鍛冶工房

西側区画からは、朱墨パレットが数多く出土している（図40）。いずれも朱墨専用のパレットではなく、灰釉陶器や土師器の破片が使われている。常用の器というより臨時に使うためだったのだろう。

朱墨は税としておさめられた収穫物や製品を、台帳とつきあわせてチェックする際に用いられたといわれる。このことから西側区画は多くの人びとが税である収穫物をおさめるところでもあったと考えられる。

また、同じ西側区画から鞴《ふいご》の羽口《はぐち》や鉄滓《てっさい》（図41）を捨てたゴミ穴もみつかっている。これらは、ここで鍛冶もおこなわれ

図40 ●朱墨パレット
朱墨は文書のチェックや照合をするときに使用する。はじめて出土したときは驚いたが意外と数が多かった。

図41 ●鞴の羽口と鉄滓
鍛冶をおこなった場所はみつかっていないが、作業後にいろいろな道具をまとめて捨てている。

図 42 ●鉄鏃
多量に出土するが、形態もさまざま。実用というより、大きいことから儀式用の可能性もある。いずれにしても武力にかかわったものであることは、まちがいない。

鞍金具

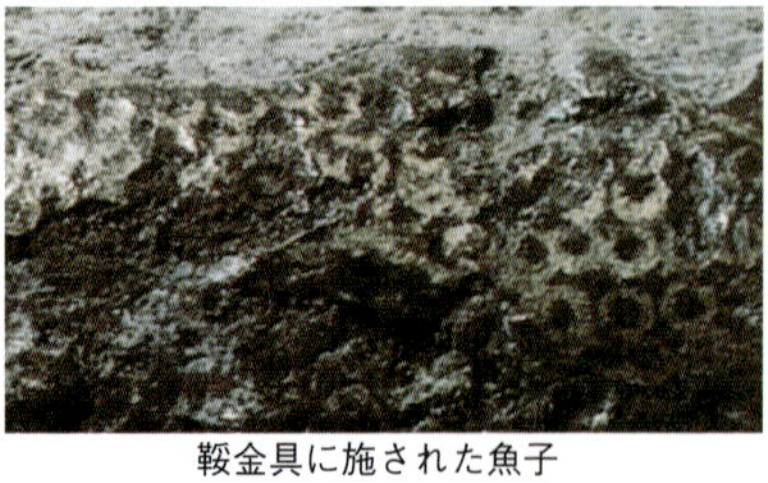

鞍金具に施された魚子

兵庫鎖　鐙

図 43 ●馬具
鞍金具が出土したときには「キセルが出た」といって渡された。よくみると金でこまかな文様が入っていた。魚子模様だ。鞍のなかのみえない部分に、これほど豪勢な金具を使うとは、ある意味、粋である。牧が近くにあるわりには、馬具の出土は少ないといえる。鉄製品は壊れても再生されてまた使われるからだろうか。

ていたことを示している。

鉄鏃と馬具

この時期には鉄製品が豊富に出土しているが、とくに鉄鏃が多い（図42）。その量は発掘調査をした時点で、それまでの長野県全体の出土量を凌駕していた。形態は特徴的な雁股鏃《かりまたぞく》や、実戦用と思われる頭が大きな鏃などもありバラエティーに富んでいる。吉田川西遺跡の人びとは、かなりの武装をしていたことがわかる。

土器捨て場から長さ三センチ、直径〇・八センチの、青銅製で鞍に使う筒状の鞖《しおで》金具（図42左）。が出土している。表面には金が貼られ、こまかく魚子文《ななこもん》が施されている。京都市法住寺《ほうじゅうじ》跡の墓に葬られた身分の高い武士とともにおさめられた鎧《よろい》に、この魚子文が施されていることからもわかるように、魚子文はかなりの有力者が用いるものに施される。この鞖金具のほかにも馬具が出土している。吉田川西遺跡には、馬にかかわっていた人びとが多数住んでいた可能性があり、前代にひきつづいて牧とのかかわりをうかがわせる。

館の構造

館は溝によって東西の二つの空間に分割されていた（図44）。西側区画には前述したように、多くの人びとが集まるための大型建物が存在し、武器も用意され、鍛冶もおこなわれている。そのほか、税をおさめる場でもあったと思われる。とくに用意された多量の食器は、その量からすると、吉田川西遺跡の村以外からも人びとが集まって儀式や宴会がおこなわれるなかで、館の主との身分関係の確認がおこなわれたのであろう。

それに対して東側区画は、これといった竪穴建物もないし、遺物も出土していない。ただ比較的細い柱穴が発見されており、大きな建物が建っていたと考えられる。

このように考えると、西側区画が公的空間、東側区画が館の主の私的空間ということができる。西側区画の大型竪穴建物の埋土から出土したりっぱな飾り釘は、私的空間の建物を飾っていたのかもしれない。

館の周辺に住む人びと

館のなかに住む人びとは、館の主に近い従属関係にある人びとであっただろうが、館の外に住んでいたのは、どのような人びとであったのだろうか。

図44 ● 11世紀初めの館の復元図
伊藤友久さんに大胆に当時の状況を復元してもらった。

それまでと同じように、館の周辺の竪穴建物はけっしてりっぱとはいえない。そこから出土するものも館のなかから出土するもとはくらべものにならない（図45）。しかし、出土している食器や緑釉陶器の量は、田川流域の吉田向井遺跡などとくらべても遜色がない。そう考える

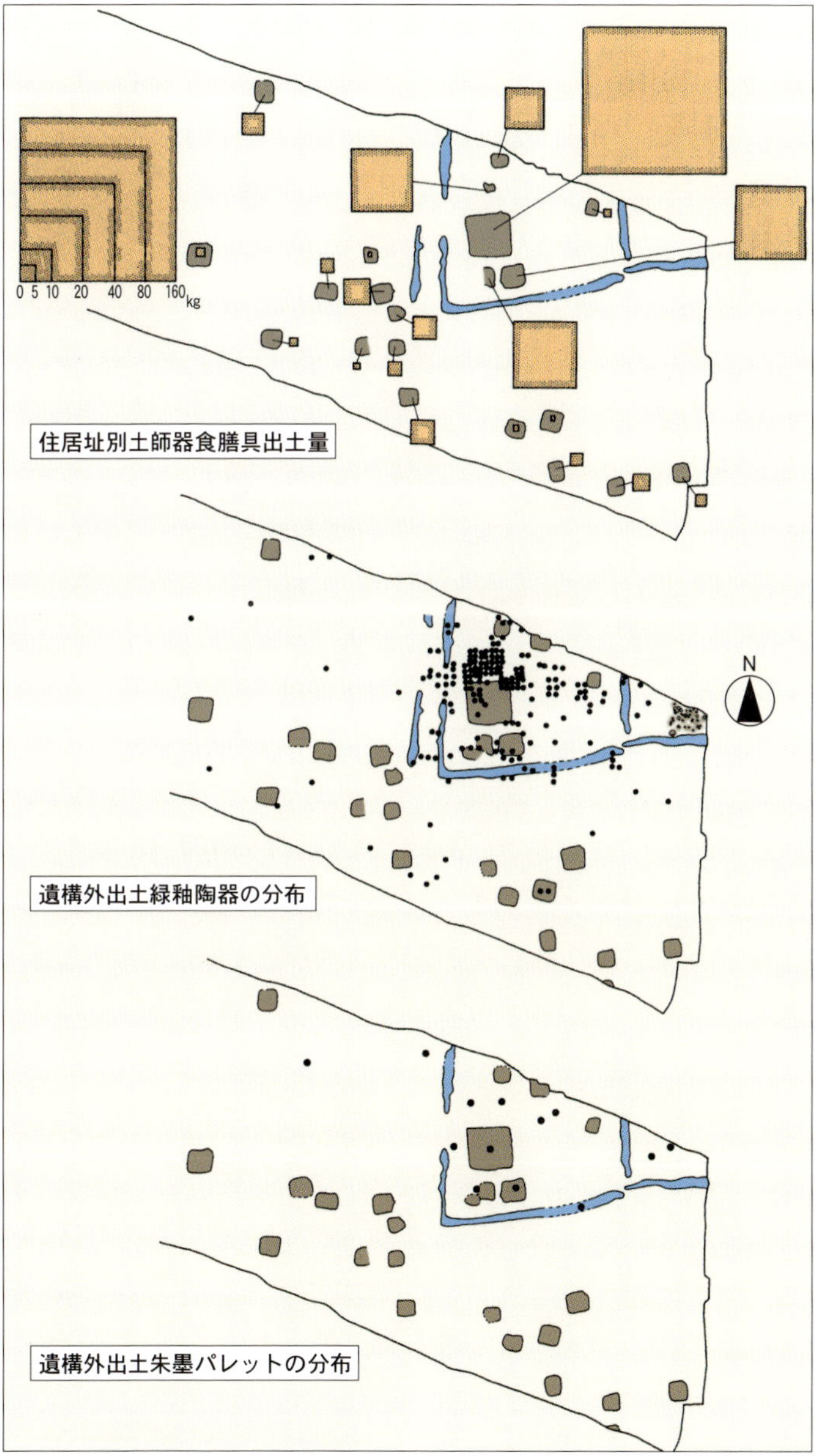

図45 ● 館周辺の特殊な遺物の分布図
遺物は館のなかに集中しており、内と外の性格がちがっていることがわかる。

と、周辺に住む人びとは館の主に従属していたのではなく、田川流域の村の人びととおなじように税をおさめ、館内の宴会に参加し、牧の仕事に従事していたのではないだろうか。館の主とは距離をおいて自立していた存在であった可能性がある。

館の主の姿

多量の鉄鏃や馬具の存在からすると、館の主は武士とよばれる者ではなかったにしても、トラブルの解決やそれを未然に防ぐ示威的な意味も含めて、強力な武力をもっていた。鍛冶工房などを館内にもって生産を掌握し、この地域一帯から税などを徴収する役目を負っており、国府などの地方行政機関ともつながっていた可能性がある。さらに多量の食器や緑釉陶器をもち、多くの人びとを集めて宴会を開き、公的私的に影響力をもって人びとを動員できる人物であったといえそうである。装飾された鞍金具からは都との関連が強く考えられる。

出土するものをみるかぎり、一〇世紀の木棺墓に葬られた有力者が姿を消してから半世紀ほどたって、吉田川西遺跡は普通の村になっていた。しかし、在地の有力者が力を得てのし上がったとは、とても思えない。再び都から下向してきた貴族が館をつくったと考えるのが妥当であろう。

話は少し飛躍するが、つぎのように考えられないだろうか。吉田川西遺跡の人びとは、村の規模が弱体化したなか、都から、あるいは国司とともに下向してきた貴族の末席の者を呼び寄せ、その貴種としての出自、さらに都との太いパイプによって村の立て直しをはかろうとした。

やってきた貴族も、埴原牧の支配などの利権には魅力を感じたであろう。さらに木曽路が開通し、この場所は伊那路との分岐という物流をおさえる場所として重要な意味をもつようになっていた。館ができる背景には、村人と貴族の両者の思惑の一致があったのではないだろうか。

館は何回かの改修を受けているが、その存続期間は一世代か、長くても二世代程度である。大型竪穴建物の埋土には多数の釘や灰が混じっており、周辺の建物に火がかけられ、その整理のために埋められた可能性を示す。もち出すこともできずに残された食器類は、それが突然の出来事であったことを示している。このことは、館の主の身になにかがおこったことさえ考えさせる。館がなくなる背景には、館の主と周辺の人びととの確執があったのだろうか。

館の主は、みずからの出自や地位を利用し、村のなかに溝で区切られた特別な空間（館）をつくり、そのたくみな経営力によってこの地域や人びとを支配しようと考えたのかもしれない。しかし、それを許すほど地域の有力者たちの力は脆弱ではなく、館の主もまた、この地域に君臨するほどの力はなかったようだ。

3　中世に向かう集落

新たな村の成立

館がなんらかの突発的な出来事で破棄されたあと、間をおかずに、館の区画を意識しないで村がつくられる。この村は館の周囲にいた人びとがをつくったのかどうか、その点は不明だが、新しい秩序が生まれた。

竪穴建物の数から多くの人びとが住んでいたことはわかるが、そのなかに優位な集団はみいだせない（図46）。松本平の一一世紀後半以降の村は、それ以前と比較して竪穴建物の数には差がみられるが、遺物などからその優位さをみつけだすことはむずかしくなる。

しかし、都では院政が始まった一一〇〇年前後、信濃国の村々には白磁をはじめとした中国の輸入陶磁器が数多くもち込まれるようになる。なかでも吉田川西遺跡の出土量は突出している。「館」が失われたのちも、一二世紀前半の北宋後半期の白磁が多量に出土しているのである（図47）。この地域の都との交流の重要性は変わらなかったのである。

中世への変革

一二世紀にはいると、すべての面で大きな変化が起きる。古墳時代以来一般的な建物であったカマドのついた竪穴建物が、この時期を境に消え、かわって掘立柱建物

図46 ●11世紀後半の遺構図
りっぱであった館がなくなり、竪穴建物だけで構成される村に戻る。
館の存在は村にとってどのよう意味があったのだろう。

が採用される。

そのほかにも地元の窯業生産の停止、煮炊具の釜から鍋への転換、集落内での多量の土器を使用する空間の消滅などがあげられる。そして、それまで数多くもち込まれていた東海地方の陶器の搬入は止まり、貿易陶磁が本格的に集落へ入ってくる。出土遺物は大幅に減少し、消費活動の転換があったことをうかがわせる。これらの変化をあげれば枚挙にいとまがない。

建築、食器の使い方、流通など、村の人びとの生活に密着したさまざまなものに大きな変化がおこる。一大転換期である。また宗教的な面をみても、長野県に今も伝わる仏像はこの時期の作が多い。経塚をつくりはじめるのもこの時期である。

このように一二世紀代はまさに激動の時代といえる。しかし、出土遺物が減少したことにより、この大きな転換期を考古学から解明することは、むずかしくなってくる。

図 47 ●北宋後半期の白磁
遺構を検出しているときに大きな玉縁をもった白磁が多量に出土した。12 世紀であることがわかり、古代と中世の橋渡しを研究する重要な資料となる。

継続する村

関東地方では、古代の村は九世紀後半から一〇世紀前半にほとんどが衰退する。その後は「人が住まなくなったとしか思えない」というように村跡が発見されない時代になる。長野県内でも多くの村が、やはりこの時期に消滅する。そのようななかで吉田川西遺跡をはじめ田川流域の村が、九世紀後半から一〇世紀を超えてそれ以降も継続して営まれることは、ある意味特殊な状況とさえいえる。

その理由は、もともと水田耕作に適した場所が少なく農業を中心とした村ではなかったこと、東山山麓に広がる牧の馬生産に大きくかかわったこと、さらには当時の交通の大動脈の東山道に沿い流通経路をおさえることができたことなどをあげることができる。

牧での馬生産がつづき、東山道の流通という価値が失われないかぎり、田川流域の村は発展をつづけた。吉田川西遺跡の村では、有力者の出入りはあったものの、その拠点としての地位を失うことはなかった。それに対して奈良井川西岸地区は、集落の規模にあわせての無理な耕地の拡大や維持・管理の失敗など、中央政権の安定しない農業政策への追随によって、盛衰をくり返したのであろう。一二世紀まで安定した村がつづいた田川流域の狭い範囲には、現在まで名前がのこる公領が一一八六年（文治二）の記録に、連なって登場する。これも八世紀以来の村が継続していたことを物語っているのかもしれない。

第５章　消える村とつづく村

１　中世から近世へ

調査がむずかしい中・近世の村跡

中世の吉田川西遺跡の調査は、これまでとはまったく違ったものとなる。吉田川西遺跡に限ったことではないが、発掘調査で発見される資料の質がまったく変わってしまうためである。

まず、遺物の量の極端な減少がある。古代とよんでいる一一〇〇年前後までは、一つの竪穴建物からプラスチックの大きな整理箱いっぱいの遺物が出土することはそれほど珍しくない。ところが中世になると一万平方メートルの村跡を調査しても、遺物は整理箱一箱にもならないことさえある。それまでの遺物がほとんどが焼物であったのに、中世以降はそれ以外のもの、土のなかでは残らない材質に変化したためであるという説、あるいは焼物の食器を多量に使用する時代からあまり使わなくなった時代にかわったからという説もある。いずれにしても、一二世紀以前とは食器の材質やその使い方に関する考え方が大きく変化したといえる。

また、前章でふれたように、竪穴建物から掘立柱建物へ建物の構造が変化する。より広い面積の住空間が可能になり、集落景観も大きく変化する。

さらに地表に建物の痕跡の残るものは、その性格が館跡、山城跡、寺院跡などと調査前から推定されることが多くなる。文献史料との結びつきも大事になる。

文献史料からみる中世の吉田

文献によると、吉田川西遺跡の地域は古代には良田郷であり、中世になると吉田郷となって（図48）近世の吉田村へとつづき、「吉田」という地名が現代まで継続している。律令制下の郷名がつづくことは、あたりまえのようにみえるが、これは非常に珍しいことである。

平安時代の終わりに、板東平氏秩父一族が近くの白河郷《しらかわごう》に定着し白河氏を名乗り、白河忠兼《しらかわただかね》の子忠家《ただいえ》が吉田に進出し吉田氏を称する。同じようにこの一族は近隣の小池《こいけ》、赤木《あかぎ》、白姫《しらひめ》郷にも進出し、それぞれ小池、赤木、白姫氏を名乗っている。赤木氏は承久《じょうきゅう》の乱（一二二一年）の恩賞として、備中国の地頭職を得て移住したが、その後も吉田郷の一部を所領としていた。その後、吉田郷は赤木郷とともに諏訪氏の領地になり、一三三二年（元弘二）に諏訪上社に寄進された。

諏訪社は「信濃国一之宮」といわれ、その式年造営の費用は古くから信濃各地の郷村が負担しており、一四八八年（長享二）の費用を負担した郷村の中に「吉田」の名がみえる。このころ、信濃国内は守護小笠原《おがさわら》氏一族の分立抗争や、諏訪氏の対立など動乱の時代を迎え、小笠原氏の本拠地、府中周辺の筑摩郡内でも小笠原氏と国人たちとの紛争が絶えなかった。一五三七年（天文六）に小笠原氏と山家《やまべ》氏が争った際に、山家氏を支援する諏訪氏によって「吉田」郷

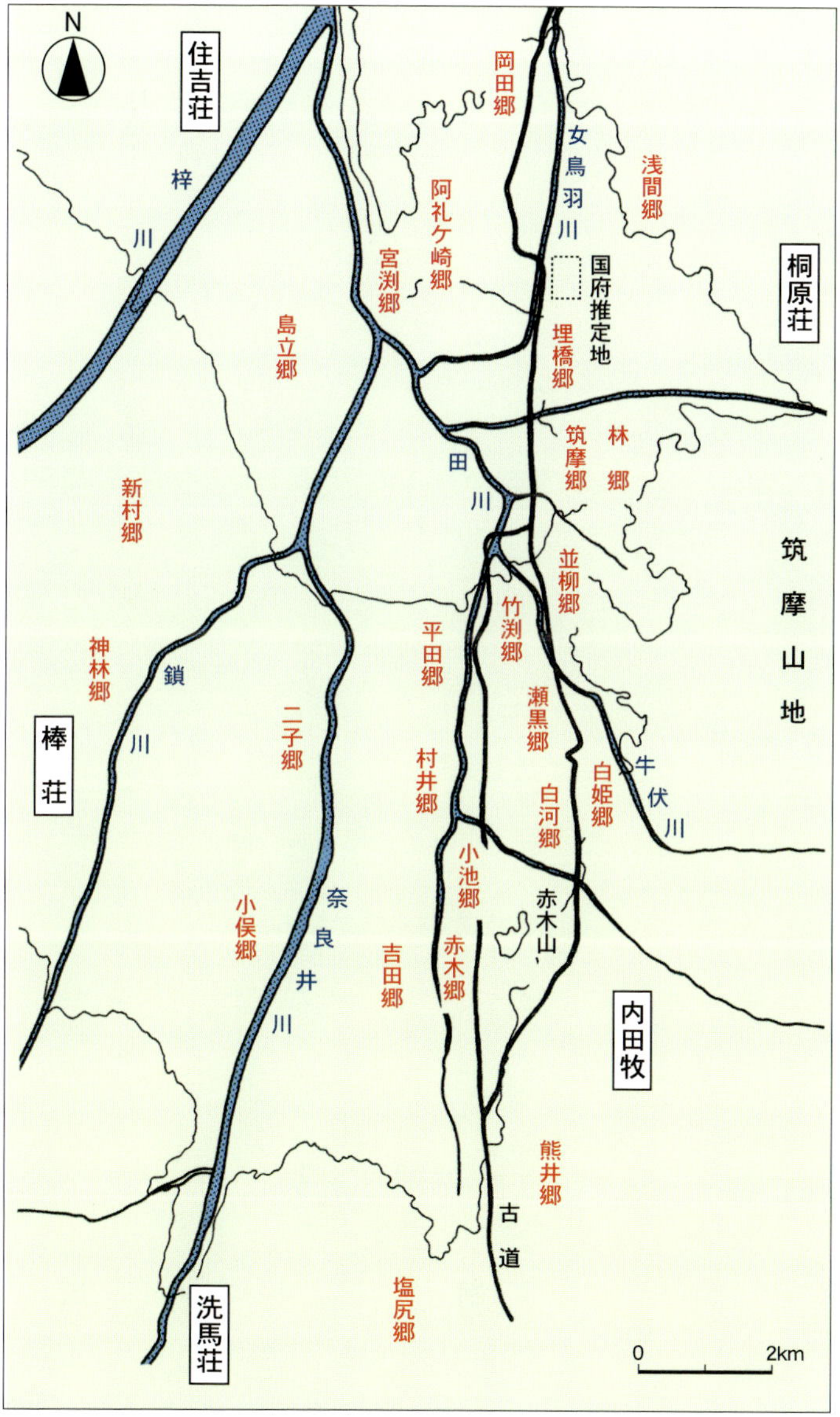

図 48 ● **中世の吉田川西遺跡の周辺**（□は荘園、他は公領）
田川に沿って、荘園ではなく「……郷」と名称がつく公領が連続していることがわかる。埴原牧はみえなくなり、南に内田牧がみえる。しかし戦国時代には、牧はなくなってしまう。

が焼かれている。

戦国時代になると、諏訪氏を従えた甲斐武田氏による松本平への侵攻が始まる。一五四五年（天文一四）には吉田川西遺跡の二キロほど南の桔梗ヶ原《ききょうがはら》に武田信玄が陣を進め、小笠原氏の支城の熊井城《くまいじょう》を落とし、さらに吉田郷の南の野村の善立寺《ぜんりゅうじ》を焼いている。一五四八年（天文一七）、小笠原氏との戦いで大勝した信玄は北の村井に前進基地として城を築き、一五五〇年（天文一九）に小笠原氏の本拠地である林城を落とし、筑摩郡は武田氏の支配下となった。

周辺の中世の遺跡としては、奈良井川の段丘のへりに単郭の居館跡「長者屋敷」があり（図57）、近年まで土塁などが残っていた。光明寺《こうみょうじ》境内も中世居館跡の伝承があるが、土塁、堀などの遺構が残っているかどうか、はっきりしない。

このように吉田郷にかかわる文献史料は、吉田川西遺跡のうえにどのようにみえてくるのだろうか。

鎌倉時代から室町時代

まず、中・近世、鎌倉時代の終わりから江戸時代中頃の焼物が、遺跡内のどこから出ているかみてみよう。焼物の分布は、それらを使っていた人びとが生活していた場所と考えられる。

一三世紀から一五世紀頃は、調査区の中央南側に遺物の分布があり、平安時代の終わり頃と一致する。そのなかに土を堅く叩きしめた土間状の跡をもつ建物跡が発見されている（図49）。

遺物は、松本平の遺跡でよく出土する中国産の龍泉窯系《りゅうせんようけい》青磁、古瀬戸の施釉陶器、常滑《とこなめ》の甕

図 49 ● **堅く叩きしめられた土間状の遺構**
古代の竪穴建物と違い、カマドなどはつけられない。掘立柱建物の一角にあることが多く、馬屋の可能性もある。

図 50 ● **火葬場**
多くの骨は拾われて違う場所におさめられる。炭にまじって拾い残された骨がみえる。

や壺、すり鉢などが比較的多くみつかっている。生活用具がすべてそろっているので、引きつづき人びとが住んでいたことはまちがいない。遺物の分布範囲の西側に重なるように土坑群が発見され、そのなかには火葬場所もみつかっており（図50）、墓域である可能性が高い。

一つ不思議な壺がみつかっている。草文を全体に施し、それを鉄釉や緑釉で塗りわけ飾っている（図51）。中国で生産されたもので都でもめったにみられないような壺が、なぜ吉田川西遺跡の村にもち込まれたのかはわからない。

戦国時代

一六世紀になると、それまでとは反対方向の北側に遺物や遺構が集中するようになる（図52）。そのなかに東西方向に幅一・六〜二メートル前後の「濠」とよんでもいいような溝が掘られる（図53上）。溝は、ところどころくびれて浅くなり土橋状になっている。調査部分でわかるだけでも、その長さは一〇〇メートルとなり、まるで南北を遮断しているようである。

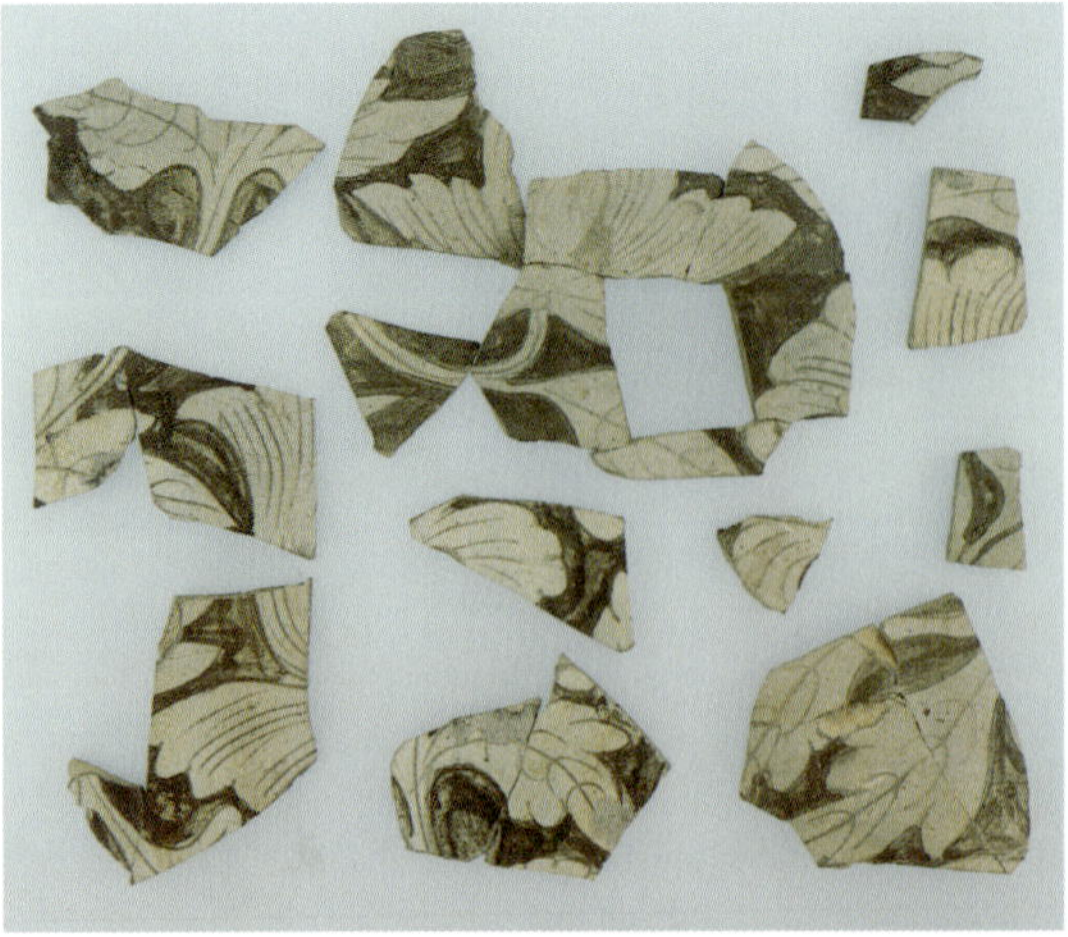

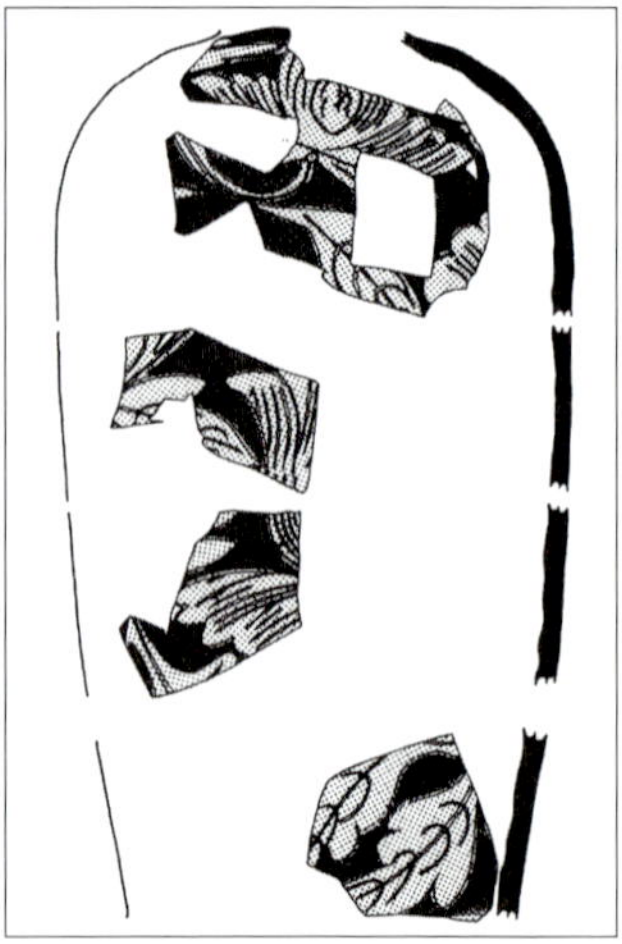

図51 ● 中国産の壺（左）と復元図（右）
発見当初から多くの方々にみていただいたが、中国製はまちがいないが、どこの製品かはわからなかった。もう少し破片があれば全容がわかる。

溝の切れている部分は現在の道と重なる。当時もここに道があり、通行のために、この部分は溝が掘られなかった可能性が高い。もっとさかのぼれば、この道は平安時代の館の横の道と方向は一致する。長い間、このあたりに南北を結ぶ主要幹線道が通っていたのだろう。

室町時代後半は、吉田の村も焼き討ちにあった記録があるように、この地域一帯では、武田氏と小笠原氏の争いが頻繁におきている。緊迫した状況のなかで溝は掘られたのだろう。

一四八八年（長享二）に吉田村は、諏訪社の祭礼の費用を負担しているが、そこに住む人の名前ではなく「吉田」という村の名前で負担している。村に飛び抜けた有力者がおらず、集団で負担したのかもしれない。溝も有力者を守るのではなく、村全体を守ることを目的として掘られたのではないだろうか。

溝の南側には、一辺二〇～二三メートルの方形区画がつくられる（図53下）。この方形区画の内部には建物跡があり、いっしょに調査をした市川隆之は居館的な性格

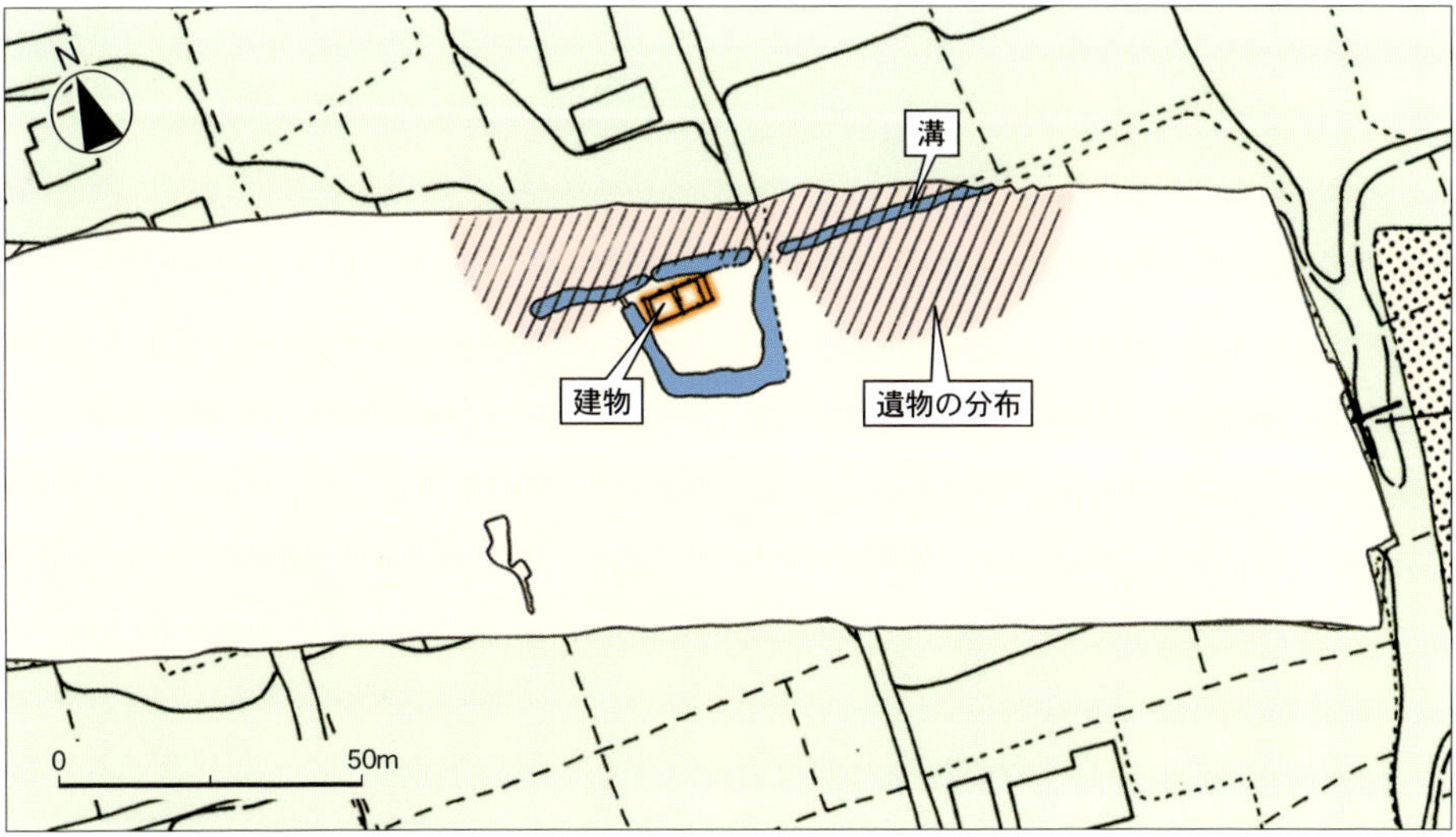

図 52 ● 戦国時代の遺構と遺物分布
溝（壕）が東西に掘られていることがわかる。東の延長が水田区画と一致していることに注意。

を考えている。しかし、区画内の面積はわずか一〇〇坪と狭いうえに、遺物が区画内や溝から出土していない。生活臭が感じられないのである。居館や屋敷というよりなんらかの公的空間ではないだろうか。

遺物の分布は、それまでの調査区南側から、東西の溝の北に集中するようになる。遺物の集中は大きく二カ所になり、一八世紀代までの建物の配置と一致する。

近世・近代につづく宅地割り、土地の区分が一六世紀

図53●**集落を遮断する溝**（上）**と溝に囲まれた建物**（下）
溝は、直線的に掘られていることがわかる。残念ながら遺物の出土はほとんどない。方形の溝で区画された空間のなかには建物が建てられる。工事の進捗状況との兼ね合いで、全体がわかる写真が撮れず残念。

にできあがり、その単位をもとに相続などの継承がおこなわれたものと思われる。また溝の延長は、近年おこなわれた圃場整備事業前の水田区画と一致している。このことも、この頃に現在と同じ地割りができあがったことを示している。

江戸時代前半

一七世紀前半から一八世紀初頭には、村を守った大きな溝は埋められてしまい、区画もなくなる。しかし地割りはそのまま維持され、中央に道を挟んで一～三棟の建物からなる四つのブロックが形成される（図54）。そのなかでもいくつかの掘立柱建物が建つ北西隅の宅地が面積も広く、有力者の家といえそうである。その建物を建てかえた際に掘られた深く大きな穴からは、たくさんの遺物が出土した。松本平のほかの遺跡からも多く出土する瀬戸・美濃産の陶器のほかに、多くの肥前系の陶磁器があった。大皿や大鉢の多さや水滴などの遺物の存在は、この家が一般の農家ではなく、

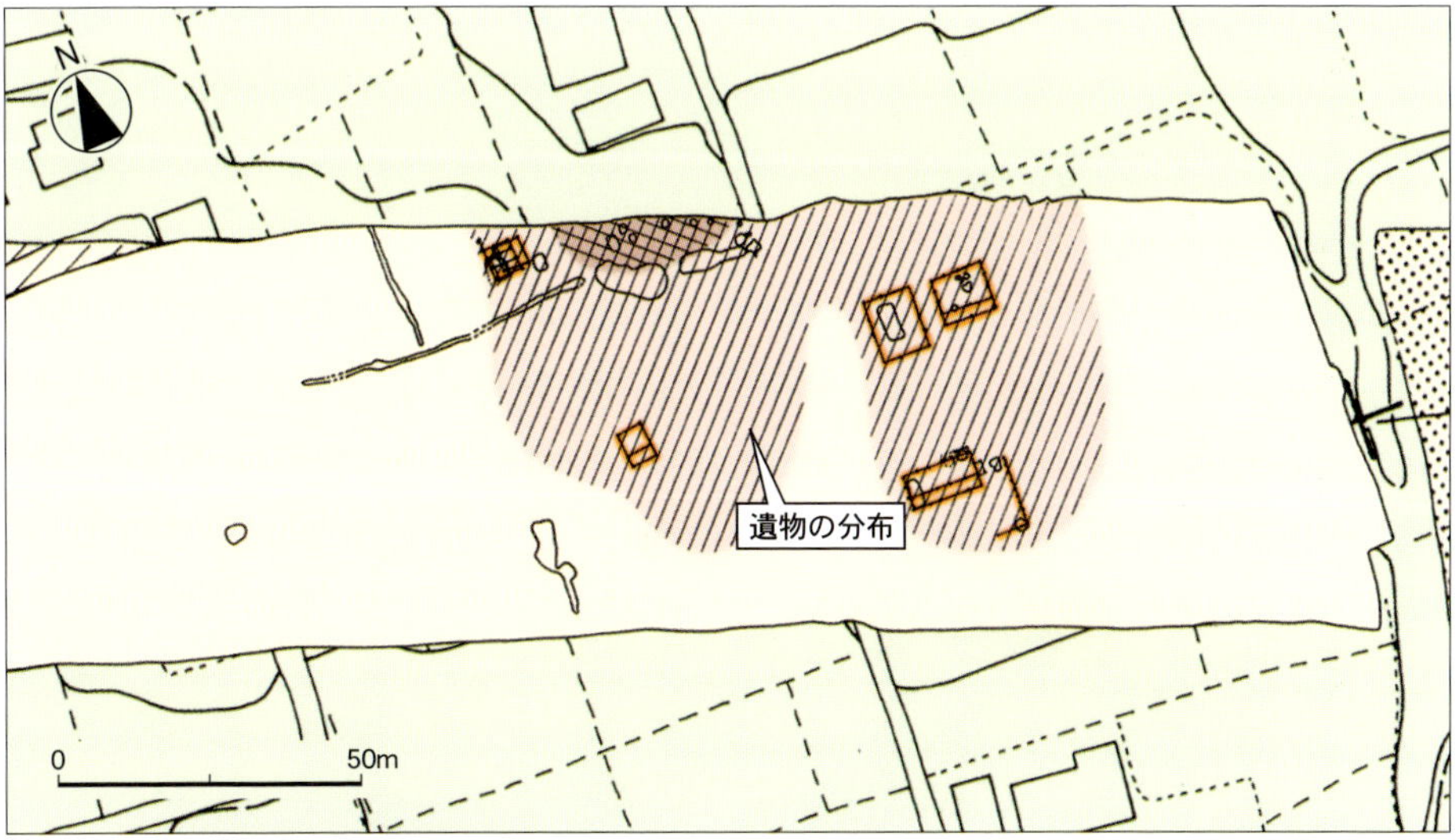

図54 ● 江戸時代前半の遺構と遺物分布
以前に溝のあった北西の区画に掘立柱建物を中心とした区画ができあがる。遺物も豊富であるが、ほとんどはこの建物を建てかえるときに掘られたゴミ穴から出土した。

接客・文書業務にもたずさわった有力な農民の家であった可能性を語っている。この場所には戦国時代にも多くの建物があり、有力者の住む家は、中世以降、ずっと同じ場所に営まれていたことがわかる。

道をはさんで東側には、北に母屋と納屋のある家が、南には塀で囲まれた家が建つ。北西の有力者の家とくらべると、これらの家の跡から出土する焼物の量は少ない。一般の農家だったのだろう。ここに有力農民の屋敷を一般農民の家がとり囲むという、この時代の農村の姿ができあがる。

江戸時代後半

一八世紀後半から一九世紀になると、北西区画の建物群（屋敷地）は掘立柱建物から礎石建物に変化する（図55）。その配置も、母屋を中心に、基壇状の基礎をもつ蔵や納屋が建てられ、井戸が附属する。

焼物も瀬戸・美濃系陶器ばかりでなく、かなりの量の肥前系陶磁器が出土しており（図56）、その家の有力さ

図55●蔵などをもつ有力農民の屋敷跡
礎石建物で構成される。しっかりした礎石をもった蔵がはっきり確認できる。

図 56 ●**出土した陶磁器**
ゴミ穴から多くの陶磁器が出土した。中央の猫（虎？）の形をした容器は、水注。硯に水を落とす道具で、実際に水を入れてみるととても機能的にできていることがわかる。水注はトイレと思われる穴から出土した。

がいっそう際だっている。

道をはさんで東側は、それまであった南の一軒からは遺物が出土しなくなり、人が住まなくなったようだ。しかし、北側の一軒は継続して人が住んでいて、道路をはさんで両側に建物が並ぶ景観は江戸時代前半と変わらない。

一九世紀中頃になると、このあたりは畑地や水田として利用されるようになり、調査区域内には建物がなくなる。しかし、図52の地割りはそのまま継承され、現在に至っている。

2　発掘調査から浮かびあがる地域

変わらない道

発掘調査では「吉田」の一部の歴史しか明らかにできなかったが、年月を経ても大きく位置が動かない道から吉田村全体の歴史をみることにしよう。

一九〇一年（明治三四）作製の地図をみると、吉田地区の南北には六本の道路（A〜F）が通っている（図57）。西から二番めの道（B）は、道沿いの民家も含め比較的新しい。

もっとも西の幹線の国道一九号（A）は、江戸時代の洗馬《せば》宿からわかれ、郷原宿から村井宿へ向かう善光寺街道（北国脇往還）と重っている。道の東側に字名の「道東」があり、この道に由来すると思われる。江戸幕府によって中山道が、桜井《さくらい》（楢川村《ならかわ》）〜牛首峠《うしくび》〜小野《おの》〜諏訪《すわ》のルートより北を通る本山《もとやま》〜洗馬〜塩尻〜諏訪のルートに変更になったときに、善光寺街道は小

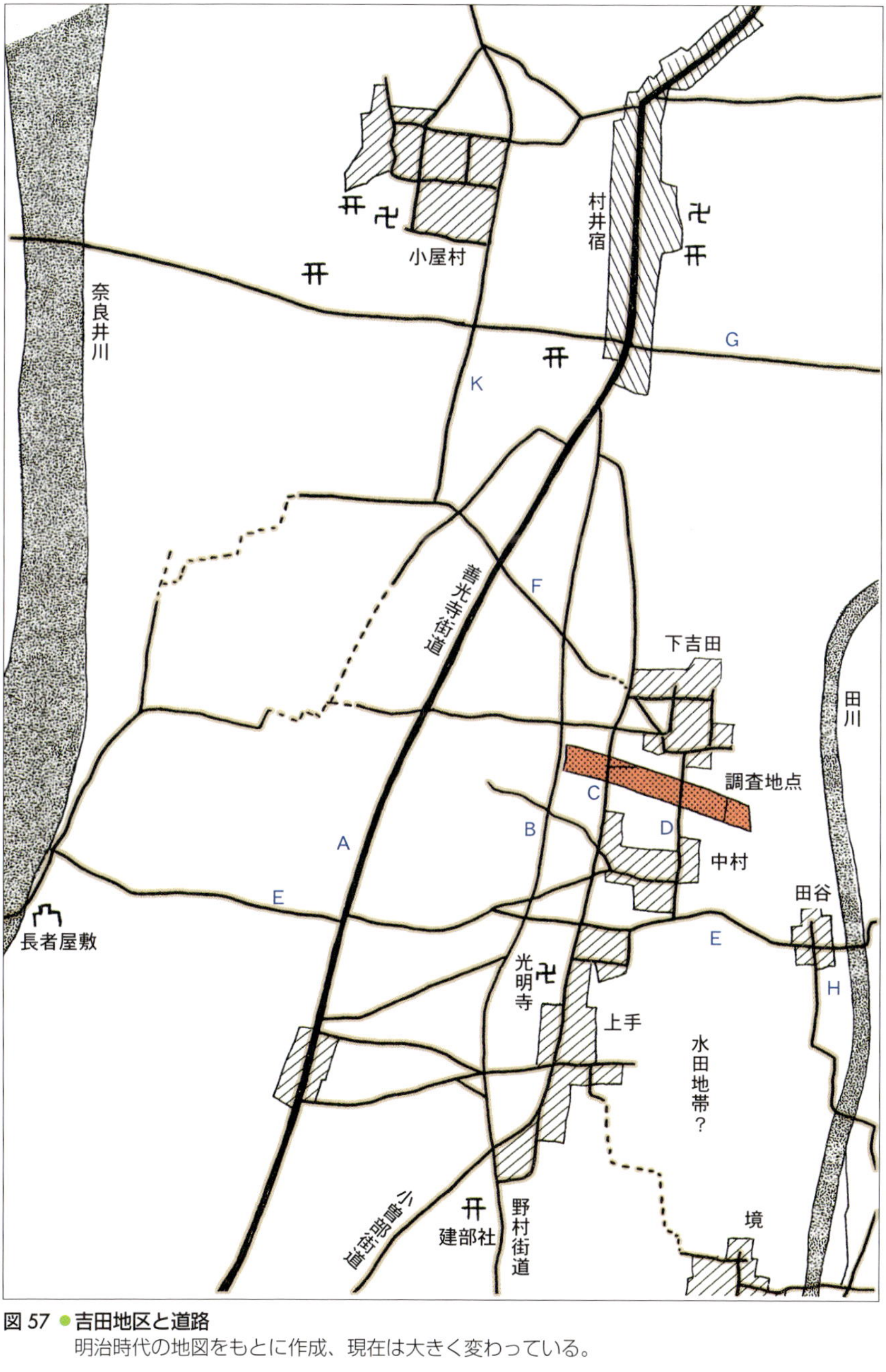

図 57 ● 吉田地区と道路
明治時代の地図をもとに作成、現在は大きく変わっている。

笠原秀政によって一六一四年（慶長一九）までに整備された。

現在建っている民家の並びとの関係から、古そうな道はC・D・Hである。道Hについては、調査対象地からはずれているが、下吉田と田谷さらに田川の対岸の向井の集落を結ぶ道と考えられる。東に進めば塩尻宿から東山道に沿って松本に向かう五千石街道と合流する。

江戸時代にできた道

道Cは、発掘では道沿いに遺構もなく、その古さを確認することはできない。村井から南下して吉田地区唯一の寺である光明寺の前を通り、吉田神社（建部社《たてべ》）の横を抜け野村と結んでおり、明治初年の地図では南北の主要道路である。途中原新田《はらしんでん》へ道が分岐するが、原新田の村の成立は善光寺街道の整備と関係がある。さらに道Cは善光寺街道（A）に方向を合わせているようでもあり、善光寺街道の成立以後にできあがったと考えられる。ただし吉田村の唯一の神社である建部社の参道は、道Cとは軸を合わせていない。この参道は、次にとり上あげる道Dの軸に近い。道Cに沿っている光明寺は、創立が一五七六年（天正四）と一六二七年（寛永四）の二説ある。善光寺街道整備（一六一四）↓道C↓光明寺創立と考えれば、一六二七年の創立が正しいだろう。

東西を結ぶ道Gは、善光寺道開通によってできあがった村井宿を意識しており、江戸時代にできあがった可能性がある。

中世からの道

道Ｄは自動車がやっと通れるような狭い道であるが（図58・59）、発掘調査ではすでに一六世紀のはじめには確実に存在し、ある時期まで吉田地区を南北に通る主要道路であった可能性がある。発掘で発見された建物は道にあわせてつくられている。現在の下吉田から中村の宅地や畑地の中にも道Ｄに沿った区画が認められる。それらの区画は、一六世紀にできあがったと考えてもよいのではないだろうか。

そこで気になるのは、道Ｄの延長として下吉田から北西に向かう道Ｆである。善光寺道（Ａ）をはじめそれを意識した道Ｃなど何本かの道とはまったく関係ないように、北西の小屋村へ向かう。道Ｆは道Ｄと接続して北へ向かう善光寺道以前の道であった可能性がある。東西を結ぶ道Ｅは、田川を渡って田谷地区を通り中村地区の南で道Ｃとつながり、そのまま奈良井川まで向かう。そこに

図58 ● 中村集落内の道Ｄ
集落内を車１台がやっと通ることができる狭い道。

は「長者屋敷」とよばれる中世居館跡が存在する。そこは、奈良井川の水運をおさえることができ、また対岸の小俣《こまた》村をはじめ、西岸一帯を監視することのできる場所である。

中世以後の村の成立

一六世紀に道Dに規制されて、現在の中村、下吉田の家屋が並ぶ空間ができあがる。この道Dは、集落の南で、諏訪に向かう道E・Hと、木曽路に向かう道、さらに奈良井川西岸へと向かう道に分岐する。文献史料にみえるように、この時期、この周辺では紛争が絶えない。交通上の重要な地点であったためだろう。

一七世紀になると、道の両側を遮断していた溝は、戦乱の時代が終わった象徴のように埋められる。しかし有力者の区画は引きつづき維持され、村を指導する有力者の屋敷地となり、一九世紀までその地位に変化はない。中世の土豪が、近世社

図59 ● 下吉田集落内の道D
調査をした場所を南に向かうと、T字路となる。古い家が並んでいる。

会のなかで生き抜いていく一つの姿がみえてくる。

吉田は、一六一四年（慶長一九）に善光寺道が整備されたことによって、大きく性格を変える。それまでの主要道Ｄは集落間を結ぶ道となり、東西を結ぶ道Ｇも整備されて、交通の拠点は村井宿となる。

村のなかには東側に善光寺街道と野村を結ぶ道Ｃが通り、それに沿って新たに家が建てられるとともに、光明寺や建部社などの宗教施設も整備される。この動きは当然人口を大きくふやす。検地帳の石高は一七世紀代の増加が著しく、耕地も大きく拡大したと思われる。逆に小屋村に向かっていた道Ｆは機能を低下させる。このように一七世紀が、まさに吉田村の村づくりの時代であったといえよう。なお造営の負担までしたのに、諏訪社の分社は存在しないが、一六世紀までの区画のなかにおさまっていたのかもしれない。

一九世紀になり、調査区内の道Ｄ沿いの建物がなくなり、吉田地区は上（手）、中（村）、下（吉田）とはっきり三つに分かれ、現代につながる。

３　現在までつづく村は特別なのか？

村の消滅と新たな村

さて、吉田川西遺跡には一二〇〇年もの間、人びとが住みつづけてきた。土地へのかかわりの濃淡はあるにしても、人びとは古代には牧の経営を掌握するのに適した場所として着目し、律令制度の崩壊したのちも中世・戦国時代を乗り越えて住みつづけ、したたかに生きつづけてきた村と表現するのが適当であろう。

吉田川西遺跡は、特別な村なのだろうか。長野県のほかの遺跡ではどうなのだろう。長野県内の遺跡を整理してみると、一五世紀代にひとつの動きがある（図60）。それまでつづいてきた村の消滅と新たな村の登場である。消滅した村と新たにおこった村につながりがあるのかどうかはわからない。吉田川西遺跡でも、一五世紀から一六世紀に居住空間の位置が西から東へ動き、現在につづく区画が登場している。この動きは、これら村の消滅と新たな村の登場と同じ動きなのかもしれない。

消えた村

さらに、もっとも大きな変化が一六世紀中頃から一七世紀にかけておこる。ほとんどの村が消滅してしまうのである。

長野県内では近世まで継続していく吉田川西遺跡が特別で、中世で消えてしまう多くの村が一般的といえそうである。なぜだろうか。

多くの村が消えるのは戦国時代が終わり、近世への転換期の頃である。この大変動が起きた一六〇〇年前後の〝事件〟とはなんだったのか。

信濃国では織田信長配下の森長可《もりながよし》による一五八二年（天正一〇）の一揆弾圧が知られている。北信濃の大蔵城《おおくら》で三千人近くの浪人・百姓が殺戮されている。佐久郡では慶長年間（一五九六

図 60 ● 長野県の中世遺跡の消長
1600 年前後で遺跡がなくなってしまう。これだけをみれば人口は極端に減少し地域も壊滅状況といえるのだが、実際はそうではない。

1500年
1600年
1700年
長者清水遺跡
大倉崎館跡
飯山市
城跡
牛出遺跡第一地点
高梨氏居館跡
中野市
館
飯田古屋敷遺跡
玄照寺跡
小布施町
小滝遺跡
前山田遺跡
北之脇遺跡
於下遺跡
松原遺跡
栗田城跡
石川条里遺跡
駒沢城跡
榎田遺跡
長野市
城跡
館
虚空蔵東遺跡
丸子町
真行寺遺跡群
山の越遺跡
東部町
宮ノ反A遺跡群
小諸市
金井城跡
大井城跡
池端城跡
北山寺遺跡
栗毛坂遺跡群
佐久市
城跡
城跡
向六工遺跡
坂北村
古城遺跡
中城原遺跡
古町遺跡
大町市
館跡
館跡
吉野町館跡
鳥羽館跡遺跡
上手木戸遺跡
梶海渡遺跡
豊科町
一ツ家遺跡
小池遺跡Ⅰ
小池遺跡Ⅱ
エリ穴遺跡
北方遺跡
向畑遺跡
三才遺跡
北中遺跡
三の宮遺跡北部Ⅰ
三の宮遺跡北端Ⅱ
神戸遺跡中部
神戸遺跡北部
南栗遺跡
北栗遺跡
松本城下町跡
松本市
墓跡
墓跡
墓域
墓域
墓域
吉田川西遺跡
吉田向井遺跡
塩尻市
元原遺跡
上村遺跡
日義村
師岡平遺跡
干沢城下町跡
茅野市
新町原田南遺跡
堀之内居館跡
辰野町
上ノ平城跡
箕輪町
城跡
町屋の城跡
殿島城跡
伊那市
青木遺跡
遊光遺跡
的場・門前遺跡
高見原遺跡
駒ヶ根市
若森社遺跡
南羽場遺跡Ⅰ
南羽場遺跡Ⅱ
南羽場遺跡Ⅲ・Ⅳ
飯島町
松岡城跡
高森町
久保尻遺跡
山本西平遺跡
北本城城跡
松尾南の原遺跡
飯田市
城跡
早稲田遺跡
阿南町

〜一六一五年）に、領主（織豊系大名の仙石秀政《せんごくひでまさ》）の過酷な年貢や諸役の強制が原因で、「佐久郡百姓のこらず逃散」「里まれにして人すくなく、田地すたれて荒原となる」「地を捨て他国走」のような状態がみられた。

戦乱に巻き込まれたり、戦乱を避けるためにどこかへ逃亡してしまい、その結果、村は消えてしまったのだろうか。

さらにこの時代には、自然災害が多発している。慶長・元和期（一五九六〜一六二四年）には、いくたびか凶作の年があり、村全体が死に絶えるという状況もあったようだ。

また、一方でこの頃は城下町や宿場町ができる時代であり、平和裏に人びとはそのような所へ移動し、村は消滅してしまったのだろうか。

村が消えた背景には、このようなさまざまな要因が複雑に絡みあっておこったのだろう。

文献史料からはみえない部分

では村の消滅は、本当にこれらの歴史的事件のみで語られてよいのだろうか。

消えてしまう中世の村跡は、近世や近代の村とは離れた所、現在は水田や畑地、あるいは山林となっている部分である。これらの遺跡は、掘立柱建物だけで構成され、溝で囲まれた屋敷地、堀で大きく囲まれた館など、その内容はさまざまである。このことは、遺跡が消えてしまう背景を単純にその貧しさ、零細さに結びつけることはできないことを示している。

また、中世の村が消滅してしまう際には、そっくりすべてがなくなるのである。堀に囲まれた部分が残るとか区画されない部分が残るとかいうことはない。

この状況はわたしたちが現在、中世の遺跡として把握している単位が、集団で居住空間を捨てるという行動をとるほど強いむすびつきをもっていたことを示している。

吉田川西遺跡をはじめとして、奈良井川西岸地区の大規模な中世の村跡が発見された場所は、調査に入る前はほとんどが畑地や水田なっていた。人びとが住まなくなってのち、農業の進展にともなって耕地化されたのであろう。地表の観察からは、中世の村の痕跡をみつけることはできなかった。畑地の場合はまだしも、水田にする場合は水平にするための造成作業が必要であり、地表の大きな改変がなされたと思われる。そして、そこには中世の村が存在したことを示すような地名も伝承も残されてはいなかった。ほかの中世の村跡も、当初から中世の村跡と予想されて発掘されたことはほとんどないだろう。現在の景観や近世の村のなかに中世の情報は伝えられていないのである。

中世の景観を、近世の集落の位置、小字、地割り、伝承などから、復元する試みが各地でなされているが、それだけでは充分ではない。文献だけでは語れない、遺跡から学ぶしかない中世や近世の村が存在するのである。

なお埋もれている村跡

そして近世になると、長野県内でも松本城下をはじめとしたいくつかの町跡は調査されているが、農村跡の発見はほとんどない。このことを、わたしも含めて多くの研究者はあまり疑問どあるとは思わない。

発掘資料だけをみるのであれば、江戸時代の多くの人びとは城下町で生活し、農村にはほとんど居住していないという結論になってしまう。しかし、数多く残る近世文書は、それがまったくの誤認であることを教えてくれる。私の生まれ育った家でさえ、宝暦年間にできている。なぜ近世の農村跡はみつからないのだろうか。

現在、圃場整備事業にともなって広大な面積が発掘され、縄文時代や平安時代の集落跡の調査が進んでいる。しかし、近世の村跡はまったく発見されていない。調査地が畑地や水田だからだ。このことは、近世の村は大きく動くことなく、居住地と耕地という土地利用が変わっていないことをおしえてくれる。つまり、近世の村は現在の集落の下に埋もれているのである。

吉田川西遺跡は一二〇〇年にわたる村の歴史をみせてくれた希有な遺跡といえる。しかし、同じように奈良時代から営々とつづいた村がなお、地中深くねむっている可能性はあり、新たな発見を期待できる。

第６章　新たな発見へ

長野県埋蔵文化財センター

吉田川西遺跡の調査は、一九八二年に設立された財団法人長野県埋蔵文化財センターによって実施された。設立当初は専任職員が教員からの出向者ばかりで、大学で考古学を専攻した者も少なく、こうした体制で大規模な発掘調査が十分にできるのか、長野県考古学会をはじめ県内外の文化財保護団体から、強い疑問が出された。

そのようななかで、長野県教育委員会は「発掘調査をせずに遺跡に土盛りして工事をしてしまおう」という方針を出す。そうした姿勢は当然ながら大きな非難をあびることとなった。発足時に大きな問題も抱えていた長野県埋蔵文化財センターであったが、その後体制の充実が図られ、高速道をはじめ新幹線関連の大規模な遺跡を数多く調査し、旧石器時代から中世まで幅広い時代で大きな成果をあげ、現在に至っている。

調査から整理と研究へ

広大な面積の吉田川西遺跡の調査は、期間の限られた厳しいものであった。しかし調査員同士が集まって遺構の調査方法の検討をしたり、昼休みには出土した遺物を手に持ちながら自分の説を主張するなど、得がたい勉強の場ともなった。そこでの話題は、その後のいくつものレポートの出発点になっている。

前章で述べたように、発掘調査によってはじめてわかったことや発掘調査でしかわからないことがある。現在刊行されている市町村史には、発掘資料が積極的にとり入れられているが、膨大な資料を生かしきれているのかどうか、疑問に思うことも多い。どうしても文献史料によって描かれた古代社会像に発掘資料を組み込もうとしているようにみえる。もちろん文献史料を参考にして遺跡が語る歴史を豊かにしてゆくことは必要なことであろうが、考古学の方法論を用いて発掘資料の比較分析を着実に積み重ね、矛盾のない結論をだす必要があるのではないだろうか。

図 61 ● 整理作業のスタッフ
調査は研究員 5 名、作業員 5 名の体制で始まった。お茶の時間の一コマ、楽しい話題に花が咲く。

文献史料は限られており、これからも大幅な増加は期待できない。それにくらべると、発掘資料は膨大な量にのぼり、新たな発見も期待できる。信濃の古代史は、考古学にかかっているともいえそうである。

遺物と向きあった整理作業のなかで、多くの研究者から指導をいただいた。出土資料が充実していることに驚き、「遺跡の全容を明らかにし、その成果をきわめていくのに一〇年以上はかかる」と私に語ってくれた方がいたことを思い出す。

発掘調査をしてからすでに四半世紀がたとうとしている。遺跡から多くのことを学んだ二五年間であった。吉田川西遺跡と出会えたことは私の人生にとって重大事であり、また幸せなことであった。

長野県立歴史館

長野市の南、千曲市の森将軍塚古墳の真下に長野県立歴史館がある。その収蔵庫には、長野県埋蔵文化財センターの発掘調査で出土した膨大な遺物や記録類がおさめ

図 62 ● **長野県立歴史館**
吉田川西遺跡の展示コーナーを見学する小学生の子どもたち。

られている。

展示室の古代のコーナーには、吉田川西遺跡から出土した重要文化財の緑釉陶器が並ぶ（図62）。背面には、調査成果をもとにした集落の復元風景がパネルとなって展示され、平安時代後半の信濃国の農村世界と、そこをベースとして活躍した領主の姿が描かれている。

現在、吉田川西遺跡は長野県の南北を結ぶ長野自動車道の下となっている。五〇〇メートルほど西の国道一九号と交差するインターチェンジの周辺は、工場や店舗が林立して、活発な経済活動がおこなわれている（図63）。

この場所のもつ交通の要衝という性格は、一〇〇〇年という時を経ても変わりがないようである。ただ一歩はずれた狭い道に入ると、今なお一昔前の村の姿を彷彿するような景観に出会う。

この地は、これからどのような姿に変わってゆくのだろう。

図63 ● 現在の吉田集落を望む（南から）
20年前に長野自動車道が開通し塩尻北インターチェンジができ、国道19号も道幅を広げた。交通量も大幅に増加して、その変貌は著しい。

参考文献

宇野隆夫　二〇〇一『荘園の考古学』青木書店
木村　礎　一九九八『村を歩く』雄山閣
小平和夫　一九九〇「松本盆地、奈良井川西岸地域における古代、中世集落の変遷」『中央自動車道長野線埋蔵文化財発掘調査報告書4　総論編』長野県埋蔵文化財センター
坂井秀弥　二〇〇八『古代地域社会の考古学』同成社
長野県史刊行会　一九八九『長野県史』通史編　第一巻　原始・古代
長野県埋蔵文化財センター　一九九一『いま信濃の歴史はよみがえる』
長野県埋蔵文化財センター　一九八九『中央自動車道長野線埋蔵文化財発掘調査報告書3　吉田川西遺跡』
原　明芳　一九九六「信濃における奈良・平安時代の集落展開」『帝京大学山梨文化財研究所研究報告』第七集
原　明芳　二〇〇一「「東間行宮」の時代」『信濃』五三―五
原　明芳　二〇〇四「近世へ続く村　中世で消える村」『信濃』五六―二
原　明芳　二〇〇七「平安時代の集落変遷と「武士」の登場」『長野県考古学会誌』一二一
原　明芳　二〇〇九「平安時代に出現する木棺墓からみえる信濃の在地社会」『信濃』六一―四
原　明芳　二〇〇九「院政期の信濃で何が起こったのか」『長野県立歴史館　研究紀要』研究紀要第一五号
松本市　一九九七『松本市史』古代・中世編

長野県立歴史館

- 長野県千曲市大字屋代字清水　科野の里歴史公園内
- 電話 026（274）2000
- 開館時間　9：00 ～ 17：00（入館は 16：30 まで）
- 休館日　毎週月曜日（祝日、振替休日にあたるときは火曜日）、祝日の翌日、年末年始
- 入館料　一般 300 円、高・大学生 150 円、小・中学生 70 円。企画展は別途料金が必要
- 交通　しなの鉄道屋代駅または屋代高校前駅下車徒歩 25 分。長野電鉄屋代線東屋代駅下車徒歩 20 分。長野自動車道更埴 IC から車で 5 分。高速バス利用の場合、上信越道屋代下車徒歩 3 分
- 長野県の歴史を、実際に「みて、ふれて、体感して」をテーマに旧石器時代から現代までを時代を追って展示している。

刊行にあたって

「遺跡には感動がある」。これが本企画のキーワードです。

あらためていうまでもなく、専門の研究者にとっては遺跡の発掘こそ考古学の基礎をなす基本的な手段です。また、はじめて考古学を学ぶ若い学生や一般の人びとにとって「遺跡は教室」です。

日本考古学では、もうかなり長期間にわたって、発掘・発見ブームが続いています。そして、毎年厖大な数の発掘調査報告書が、主として開発のための事前発掘を担当する埋蔵文化財行政機関や地方自治体などによって刊行されています。そこには専門研究者でさえ完全には把握できないほどの情報や記録が満ちあふれています。しかし、その遺跡の発掘によってどんな学問的成果が得られたのか、その遺跡やそこから出た文化財が古い時代の歴史を知るためにいかなる意義をもつのかなどといった点を、莫大な記述・記録の中から読みとることはなはだ困難です。ましてや、考古学に関心をもつ一般の社会人にとっては、刊行部数が少なく、数があっても高価なその報告書を手にすることすら、ほとんど困難といってよい状況です。

いま日本考古学は過多ともいえる資料と情報量の中で、考古学とはどんな学問か、また遺跡の発掘から何を求め、何を明らかにすべきかといった「哲学」と「指針」が必要な時期にいたっていると認識します。

本企画は「遺跡には感動がある」をキーワードとして、発掘の原点から考古学の本質を問い続ける試みとして、日本考古学が存続する限り、永く継続すべき企画と決意しています。いまや、考古学にすべての人びとの感動を引きつけることが、日本考古学の存立基盤を固めるために、欠かせない努力目標の一つです。必ずや研究者のみならず、多くの市民の共感をいただけるものと信じて疑いません。

著者紹介

原　明芳（はら・あきよし）

1956年、長野県生まれ
信州大学教育学部卒業
長野県埋蔵文化財センター、長野県教育委員会文化財・生涯学習課、松本市内の小学校の勤務を経て現在、長野県立歴史館考古資料課長
主な著作　『松本市史　原始・古代・中世編』（共著）、「信濃の鉄鐸」『信州の人と鉄』（信濃毎日新聞社）、「信濃の古代墳墓」『長野県考古学会誌』86、「平安時代の集落変遷と「武士」の登場」『長野県考古学会誌』121、「近世へ続く村　中世で消える村」『信濃』56－2ほか

写真提供・所蔵

図2・3・7・9・13・15～18・22～26・29～32・34・36～40・43・47・49～51・53・55：長野県立歴史館
図14・20・33・41・42・44・56：長野県埋蔵文化財センター
図21：松本市教育委員会

図版出典

図5・8・12・19・27・35・45・46・52・54：長野県埋蔵文化財センター 1989

上記以外は著者

シリーズ「遺跡を学ぶ」069

奈良時代からつづく信濃の村・吉田川西《よしだかわにし》遺跡

2010年6月15日　第1版第1刷発行

著　者＝原　明芳

発行者＝株式会社 新 泉 社
東京都文京区本郷2-5-12
振替・00170-4-160936番　TEL03(3815)1662／FAX03(3815)1422
印刷／萩原印刷　製本／榎本製本

ISBN978-4-7877-1039-0　C1021